T0208847

essentials

essentials liefern aktuelles Wissen in konzentrierter Form. Die Essenz dessen, worauf es als „State-of-the-Art" in der gegenwärtigen Fachdiskussion oder in der Praxis ankommt. *essentials* informieren schnell, unkompliziert und verständlich

- als Einführung in ein aktuelles Thema aus Ihrem Fachgebiet
- als Einstieg in ein für Sie noch unbekanntes Themenfeld
- als Einblick, um zum Thema mitreden zu können

Die Bücher in elektronischer und gedruckter Form bringen das Fachwissen von Springerautor*innen kompakt zur Darstellung. Sie sind besonders für die Nutzung als eBook auf Tablet-PCs, eBook-Readern und Smartphones geeignet. *essentials* sind Wissensbausteine aus den Wirtschafts-, Sozial- und Geisteswissenschaften, aus Technik und Naturwissenschaften sowie aus Medizin, Psychologie und Gesundheitsberufen. Von renommierten Autor*innen aller Springer-Verlagsmarken.

Weitere Bände in der Reihe https://link.springer.com/bookseries/13088

Alexander Häfner · Sophie Hofmann

Zeitmanagement für Führungskräfte

Wie arbeite ich als Führungskraft effektiv und effizient?

 Springer

Alexander Häfner
Personalentwicklung
Würth Industrie Service GmbH & Co.
KG
Bad Mergentheim, Deutschland

Sophie Hofmann
Personalentwicklung
Würth Industrie Service GmbH & Co.
KG
Bad Mergentheim, Deutschland

ISSN 2197-6708   ISSN 2197-6716 (electronic)
essentials
ISBN 978-3-662-65123-0   ISBN 978-3-662-65124-7 (eBook)
https://doi.org/10.1007/978-3-662-65124-7

Die Deutsche Nationalbibliothek verzeichnet diese Publikation in der Deutschen Nationalbibliografie; detaillierte bibliografische Daten sind im Internet über http://dnb.d-nb.de abrufbar.

Planung/Lektorat: Marion Krämer
Springer ist ein Imprint der eingetragenen Gesellschaft Springer-Verlag GmbH, DE und ist ein Teil von Springer Nature.
Die Anschrift der Gesellschaft ist: Heidelberger Platz 3, 14197 Berlin, Germany

Was Sie in diesem *essential* finden können

- In diesem essential erhalten Sie Praxistipps für effektives und effizientes Arbeiten als Führungskraft
- Wir geben Empfehlungen, wie Führungskräfte möglichst gut durch ihren Arbeitsalltag kommen und sich nicht als Hamster im Laufrad fühlen
- Ein Schwerpunkt liegt auf Impulsfragen zur Reflexion des eigenen Führungshandelns, auf Fallbeispielen und der Beschreibung von Tools
- Die praktischen Empfehlungen werden weitgehend aus der Zeitmanagementforschung abgeleitet

Inhaltsverzeichnis

Über die Autoren

Dr. Alexander Häfner ist seit 2012 Leiter Personalentwicklung bei der Würth Industrie Service und Mitglied im Vorstand der Sektion Wirtschaftspsychologie des BDP. Zu seinen Hauptaufgaben gehören Training und Beratung von Führungskräften unterschiedlicher Hierarchieebenen.

Sophie Hofmann ist Psychologin und als Expertin für internationale Führungskräfteentwicklung bei Würth tätig. Zu ihren Hauptaufgaben gehören die Entwicklung und Umsetzung von E-Learning-Angeboten, Präsenztrainings und Führungskräftecoachings.

Einleitung: Gutes Zeitmanagement als Basis erfolgreicher Führung

Wenn sich Ihre Mitarbeitenden in der Kaffeeküche über Ihr Zeitmanagement als Führungskraft unterhalten, welche Aussagen werden da wahrscheinlich fallen? Hier einige kritische Aussagen, die wir in den letzten Jahren in Kaffeeküchen gehört haben:

- „Meine Führungskraft ist immer total beschäftigt. Sie steckt den ganzen Tag in Terminen und ich komme kaum an sie ran."
- „Irgendwie wirkt meine Führungskraft in unseren Besprechungen abwesend. Ich habe manchmal den Eindruck, dass sie mit ihren Gedanken schon im nächsten Termin ist oder aus dem letzten Termin noch nicht richtig wieder da ist."
- „Wenn ich von meiner Führungskraft auf eine E-Mail von mir eine Rückmeldung bekomme, dann kann ich wirklich froh sein. Meiner Führungskraft rutscht da viel durch."
- „Oft sagt unsere Führungskraft kurzfristig Termine ab oder kommt zu spät zu Terminen."

Und hier einige Aussagen zu gelingendem Zeitmanagement von Führungskräften:

- „Meine Führungskraft nimmt sich ausreichend Zeit für meine Anliegen."
- „Wenn ich ein dringendes Problem habe, dann bekomme ich auch schnell Hilfe von meiner Führungskraft."
- „Ich kann meine Führungskraft telefonisch oder per E-Mail meist recht gut erreichen."
- „Unsere Führungskraft wirkt eigentlich nie hektisch oder abgehetzt. Sie scheint gut durch ihren Tag zu kommen und hat damit eine entspannende Wirkung auf unser Team, was uns bei all den Anforderungen richtig guttut."

© Der/die Autor(en), exklusiv lizenziert durch Springer-Verlag GmbH, DE, ein Teil von Springer Nature 2022
A. Häfner und S. Hofmann, *Zeitmanagement für Führungskräfte*, essentials,
https://doi.org/10.1007/978-3-662-65124-7_1

Wer andere führen möchte, muss zunächst bei sich selbst anfangen. Dazu gehört aus unserer Sicht neben anderen Aspekten (z. B. angemessener Emotionsregulation oder der Fähigkeit ungünstige Gewohnheiten zu verändern) vor allem gutes Zeitmanagement.

Wer mit der Bewältigung seiner täglichen Arbeitsaufgaben überfordert ist, mehrere hundert unbeantwortete E-Mails im Posteingang mitschleppt und seine Termine nicht einhält, wird sich kaum um Führungsthemen (z. B. Entwicklungsgespräche führen) kümmern können. Wer mit seinem Zeitmanagement nicht zurechtkommt, wird kaum als Vorbild fungieren können. Wie soll ich als Führungskraft erwarten können, dass meine Teammitglieder Termine einhalten, wenn ich das selbst nicht vorlebe? Die Effekte von gutem oder schlechtem Zeitmanagement sind für die Teammitglieder und darüber hinaus gut sichtbar.

Wer andere führen möchte, muss im ersten Schritt seine persönliche Selbstorganisation in Ordnung bringen. Wem es gelingt, sich nicht allein von akuten Ereignissen im Tagesgeschäft bestimmen zu lassen, sondern die Arbeitstage aktiv zu steuern, wird auch Zeit für wichtige Führungsaufgaben einplanen können, beispielsweise um über die Zukunft der Abteilung nachzudenken, sich um die Entwicklung der Mitarbeitenden zu kümmern oder für motivierende und gesundheitsförderliche Arbeitsbedingungen zu sorgen.

Mit diesem essential möchten wir Führungskräfte unterstützen, die sich mehr Kontrollerleben in ihrem Tagesablauf wünschen. Mehr vom Gefühl die Dinge im Griff zu haben und weniger vom Gefühl ein Spielball des Kalenders zu sein. Mehr vom Gefühl an den wirklich wichtigen Themen zu arbeiten und weniger vom Gefühl nur auf Dringlichkeiten zu reagieren. Es geht uns um weniger Stresserleben und mehr Lebens- und Arbeitszufriedenheit. Gutes Zeitmanagement kann dazu einen Beitrag leisten.

Interessanterweise sind die in der Forschung nachgewiesenen Zusammenhänge zwischen Zeitmanagement und Befinden stärker als zwischen Zeitmanagement und Leistung (Aeon et al., 2021; Häfner, 2012). Zeitmanagement steht in beachtlichem Zusammenhang mit Stresserleben und anderen wichtigen Facetten unseres Wohlbefindens (Aeon et al., 2021). Einen Einblick in Forschungsergebnisse gibt Tab. 1.1. Alle dargestellten Korrelationen sind mindestens auf dem 5 %-Niveau signifikant.

Je ausgeprägter das Zeitmanagement einer Führungskraft (z. B. Prioritäten setzen, gute Tagesplanung), umso weniger Anspannung, Sorgen und negative Emotionen werden erlebt. Gutes Zeitmanagement geht mit mehr positiven Emotionen und dem Gefühl, die Zeit im Griff zu haben, einher.

Diese Forschungsergebnisse unterstreichen auch Interventionsstudien, in denen die Teilnehmenden Zeitmanagement trainieren und dann die Effekte auf das

Tab. 1.1 Forschung: Zusammenhänge von Zeitmanagement und Befinden in einer Studie mit Führungskräften (Häfner, 2012)

Befindensvariablen	Korrelation
Erleben von Kontrolle über die Zeit	0,36
Anspannung	−0,33
Sorgen	−0,34
Erleben von positiven Emotionen	0,25
Erleben von negativen Emotionen	−0,30

Befinden überprüft werden. So wurden positive Effekte von Zeitmanagementtrainings auf das Erleben von Kontrolle über die Zeit sowie auf Stresserleben und Sorgen gefunden (Häfner & Stock, 2010; Häfner et al., 2015a; Macan, 1996; van Eerde, 2003). Zeitmanagement scheint sowohl für die Reduktion von Stresserleben hilfreich zu sein (Häfner & Stock, 2010) als auch als Mittel zur Stressprävention (Häfner et al., 2014a) dienen zu können.

In der Zeitmanagementforschung finden sich zudem bedeutsame Zusammenhänge zwischen Zeitmanagement und Leistungsvariablen (Aeon et al., 2021). Zeitmanagement steht unter anderem mit Arbeitsergebnissen, Kreativitätsleistungen und Motivation in positivem Zusammenhang (Aeon et al., 2021). Wer sich also nicht um sein Zeitmanagement kümmert, läuft Gefahr, wertvolle Potenziale ungenutzt zu lassen und unter seinen Möglichkeiten zu bleiben.

In diesem essential geben wir Anregungen für gelingendes Zeitmanagement und beziehen uns dabei zum einen auf Zeitmanagementforschung und zum anderen auf unsere langjährige Erfahrung in der Aus- und Weiterbildung von Führungskräften.

Als durchgängiges Fallbeispiel wird Ihnen in diesem essential die Teamleiterin Michaela begegnen, die die Verantwortung für ein Team aus 6 Mitarbeiterinnen und Mitarbeitern trägt.

Beispiel: der typische Alltag vieler Führungskräfte

Michaela ist Teamleiterin eines Einkaufsteams in einem Unternehmen mit 2000 Beschäftigten. Sie ist seit einem Jahr Führungskraft und hat viel Freude an dieser Aufgabe. In ihrer Freizeit sind ihr Sport und Treffen mit Freunden sehr wichtig, vor allem spielt sie gerne Fußball.

Sie ist mit ihrer Aufgabe als Teamleiterin sehr zufrieden. Es macht ihr Spaß, sich um die Einarbeitung neuer Kolleginnen und Kollegen im Team zu kümmern, ihren Teammitgliedern mit Rat und Tat zur Seite zu stehen und gemeinsam Entscheidungen zu treffen. Sie unterstützt ihre Kolleginnen und

Kollegen sehr gerne in der Vorbereitung schwieriger Verhandlungen und bringt sich auch gerne unterstützend in die Gespräche mit ein. Für sie läuft vieles rund bei ihrer Arbeit und sonst in ihrem Leben.

Gleichzeitig erlebt sie ihre Arbeit als sehr anstrengend. Sie investiert jede Woche zwischen 50 und 60 Stunden in ihre Arbeit, verzichtet immer wieder auf eine Mittagspause und bearbeitet auch häufig an Wochenenden ihre E-Mails. Im Laufe eines Arbeitstages wird sie oft angerufen oder Teammitglieder kommen mit ihren Anliegen zu ihr an den Arbeitsplatz. „Gut, dass du da bist. Ich muss da was mit dir besprechen …" Solche Sätze hört sie jeden Tag. Sie weiß, dass viele Führungskräfte viele Überstunden leisten und anstrengende Tage haben.

Sie fühlt sich stark mit ihrer Arbeit verbunden, schmiedet auch gerne mal am Abend Pläne für ihre Arbeit und kann sich gut vorstellen, in ihrem Unternehmen in einigen Jahren den nächsten Karriereschritt zur Abteilungsleiterin zu gehen. Sie ist sich bewusst, dass mit einem weiteren Karriereschritt auch die Erwartungen an sie weiter steigen werden. Die Freude an den Erfolgen mit ihrem Team und die Anerkennung, die sie aus dem Unternehmen bekommt, wiegen für sie die Anstrengungen auf.

Allerdings bekommt sie von Freunden immer wieder kritisches Feedback: ihre Freunde äußern immer wieder Sorgen, dass sie sich mit ihrer Arbeit übernimmt und bedauern, dass sie so wenig Zeit für gemeinsame Aktivitäten hat. Und ja: Michaela würde gerne mehr Sport treiben und sich häufiger mit Freunden treffen.◄

Wenn Sie dieses Fallbeispiel lesen: Wie stark können Sie sich in einzelnen Aussagen wiederfinden? Hat das Fallbeispiel etwas mit Ihrem Alltag zu tun? Welche Überlegungen löst das Beispiel bei Ihnen aus? An dieser Stelle möchten wir Sie anhand der folgenden Fragen zum Nachdenken über Ihre eigene Situation anregen.

Fragen zu Ihrem Umgang mit Ihrer Zeit

- Wie stark haben Sie das Gefühl Ihre Zeit sinnvoll zu nutzen? Kommen Sie beispielsweise immer wieder aus Besprechungen, die Sie als wenig nutzbringend erleben?
- Wie erleben Sie Ihre tägliche Menge an Arbeitsaufgaben?
- Wie oft verzichten Sie auf Pausen?
- Wie zügig bekommen andere ein Feedback von Ihnen, die auf eine Rückmeldung warten?

- Wie oft schieben Sie Aufgaben auf die lange Bank?
- Welche zeitbezogenen Probleme erleben Sie, z. B. irrelevante Ablenkungen, Störungen, Warten auf andere?
- Wie häufig erleben Sie sich als angespannt oder erschöpft?
- Wie stark ist Ihr Wunsch und Wille an Ihrem Zeitmanagement etwas zu verbessern?

Wir empfehlen Ihnen ein Zeittagebuch anzulegen, in dem Sie Ihre Beobachtungen notieren und auch Verbesserungen, die Sie bei Ihrem Zeitmanagement wahrnehmen. Wenn Sie ein Zeittagebuch nutzen, so können Sie wertvolle Anregungen aus diesem essential dort notieren und vor allem, was sie konkret ausprobieren werden. Von Woche zu Woche lernen Sie Ihre zeitbezogenen Herausforderungen besser kennen und können Schritt für Schritt an der Verbesserung Ihres Zeitmanagements arbeiten.

▶   **Tipp** Nehmen Sie sich jeden Abend Ihr Zeittagebuch her und machen Sie sich Notizen zu den folgenden drei Fragen:

- Was ist mir bei meinem Zeitmanagement heute richtig gut gelungen (z. B. die Nutzung einer bestimmten Zeitmanagementstrategie)?
- Was habe ich heute über mein Zeitmanagement gelernt (z. B. zu irrelevanten Ablenkungen, zur Dauer von Aufgaben)?
- Was probiere ich morgen aus (z. B. welche Empfehlung aus diesem essential)?

Klare Prioritäten: Was sind meine wichtigsten Aufgaben als Führungskraft?

Bevor wir uns in den nächsten Kapiteln mit konkreten Zeitmanagementstrategien für den Arbeitsalltag beschäftigen, gehen wir in diesem Kapitel auf die wichtigsten Führungsaufgaben ein. Wir schauen uns zunächst an, was Führungskräfte häufig in ihrem Arbeitsalltag tun und was sie eigentlich tun sollten. Damit verknüpft, geben wir Impulse zum Nachdenken über die eigene Zeitnutzung und Empfehlungen für mögliche Veränderungen.

2.1 Der Alltag von Führungskräften: geprägt von vielfältigen Zeitproblemen

Seit den 50iger Jahren des letzten Jahrhunderts beschäftigt sich die Führungsforschung mit der Frage, wie der Alltag von Führungskräften konkret aussieht. Dabei konnten unter anderem folgende Erkenntnisse gewonnen werden (Felfe, 2019; von Rosenstiel & Kaschube, 2014):

- Führungskräfte wenden etwa 66 % ihrer Arbeitszeit dafür auf, um mit anderen zu kommunizieren. Wenig Zeit bleibt in der Regel zum Nachdenken.
- Der Alltag von Führungskräften ist oft geprägt von Störungen, die von außen kommen, und stark fragmentiert. Das bedeutet, dass Führungskräfte selten länger und konzentriert an einer Sache arbeiten.
- Führungskräfte beschäftigen sich oft mit ungeplanten Tätigkeiten.
- Zeitbezogene Herausforderungen prägen den Alltag vieler Führungskräfte. So empfinden 62 % der Führungskräfte starken Termin- und Leistungsdruck, 33 % verzichten auf Pausen und 80 % arbeiten regelmäßig an Wochenenden.

A. Häfner und S. Hofmann, *Zeitmanagement für Führungskräfte,* essentials, https://doi.org/10.1007/978-3-662-65124-7_2

Die Befunde zeigen ein klares Bild: Führungskräfte sind in erheblichem Ausmaß mit zeitbezogenen Anforderungen konfrontiert und ihnen fehlt oft die Zeit für Aufgaben, die sie eigentlich als wichtig wahrnehmen (z. B. Reflexion über die strategische Ausrichtung ihres Bereichs, Weiterentwicklung der Mitarbeitenden). Sie verbringen ihre Zeit oft anders, als sie das eigentlich möchten. Das ist nicht überraschend.

Eine gut etablierte Theorie ist das entscheidungstheoretische Zeitmanagementmodell (Koch & Kleinmann, 2002; Kleinmann & König, 2018). Die Kernaussagen und Implikationen veranschaulichen wir anhand eines Beispiels. Stellen wir uns vor, wir haben den Auftrag ein langfristiges Projekt zu bearbeiten. Der Zieltermin ist in sechs Monaten. Auch wenn dieses Projekt in sechs Monaten einen großen Nutzen stiften wird, beschäftigen wir uns heute eher mit den kurzfristig bedeutsamen Themen, zum Beispiel mit der Beantwortung einer E-Mail. Der Nutzen des langfristigen Projektes wird über die Zeit hinweg sehr stark abgewertet *(diskontiert),* sodass uns in der Gegenwart die E-Mail relevanter erscheint, auch wenn der Nutzen der unmittelbaren Bearbeitung der E-Mail gar nicht so groß ist. Dieses Phänomen der Diskontierung ist der Kern des entscheidungstheoretischen Zeitmanagementmodells. Aufgaben in fernerer Zukunft werden dabei sehr stark abgewertet. In der Praxis kommt es dann zu Präferenzwechseln. Wir entscheiden uns für Aufgaben, die kurzfristig einen kleinen Nutzen stiften, und lassen die Aufgaben mit sehr großem Nutzen liegen, da dieser erst langfristig entsteht. Demnach sind wir als Menschen in unserem Handeln stark von kurzfristigen Ereignissen bestimmt und weniger von langfristig bedeutsamen Aufgaben. Dringlichkeit regiert unser Handeln, nicht Wichtigkeit. Wenn nun Führungskräfte ständig angesprochen, angerufen, angechattet und angemailt werden, so ist sehr wahrscheinlich, dass langfristig bedeutsame Aufgaben kaum eine Chance haben, bearbeitet zu werden.

Ob nun langfristige Projekte, die Reflexion über strategische Themen, das Nachdenken über die langfristige Entwicklung der Mitarbeitenden oder das Erlernen einer neuen Sprache: All diese Aufgaben gehen im Alltag von Führungskräften leicht unter. Nicht nur weil Führungskräfte insgesamt viel zu tun haben, sondern auch wegen dieses Phänomens der Diskontierung. Wichtige Annahmen des Modells konnten in mehreren Studien bestätigt werden (z. B. König & Kleinmann, 2005; König & Kleinmann, 2007).

Viele zeitbezogene Probleme lassen sich mit dem entscheidungstheoretischen Zeitmanagementmodell erklären (Kleinmann & König, 2018):

- Langfristig wichtige Aufgaben werden von uns auf die lange Bank geschoben. Mit der Bearbeitung beginnen wir oft erst unmittelbar vor dem Zieltermin, was dann zu einer Art Leistungseskalation führt. In wenigen Tagen muss dann aufgeholt werden, was über viele Wochen nicht angepackt wurde.

- Im Alltag rauben eigentlich unwichtige Unterbrechungen viel Zeit. Wir sind anfällig für Ablenkungen.
- Obwohl es möglich wäre, werden von Führungskräften Aufgaben nicht an Teammitglieder delegiert, weil der Aufwand der Delegation einer Aufgabe stärker gewichtet wird, als der durch die Delegation langfristig entstehende Nutzen.
- Die Dauer, die es benötigt, um eine bestimmte Aufgabe zu bearbeiten, wird von uns in der Regel unterschätzt.

Dies wirft die spannende Frage auf, was wir als Führungskräfte tun können, um nicht in all diese Fallen zu tappen (vgl. Häfner, 2021). Klar ist: Es ist menschlich, dass die genannten Probleme auftreten. Das gilt insbesondere für das Aufschieben eigentlich wichtiger Aufgaben. Wir sollten nicht unterstellen, dass es an guten Vorsätzen und gutem Willen fehlt. Vielmehr brauchen wir Strategien, um mehr Kontrolle über die eigene Zeit zu gewinnen. Hierfür wurde das Handlungsplanungsmodell des Zeitmanagements entwickelt (Häfner, 2012, 2021; Häfner et al., 2015a; Kleinmann & König, 2018), auf das wir uns in diesem essential immer wieder beziehen. Im Handlungsplanungsmodell des Zeitmanagements werden verschiedene psychologisch begründete Interventionen miteinander kombiniert. Diese Interventionen sollen unter anderem bei den folgenden Fragen hilfreich sein (vgl., Häfner, 2012, S. 60):

- Welche Ziele sollte ich auswählen?
- Wie sollte ich planen?
- Wie kann ich die Handlungsinitiierung gewährleisten?
- Wie kann es mir gelingen ablenkende, konkurrierende Stimuli zu ignorieren?

In mehreren Interventionsstudien konnte die Wirksamkeit von Trainings, die das Modell als Grundlage nutzen, bestätigt werden (Häfner & Stock, 2010; Häfner et al., 2014a/b, 2015a).

Bevor wir uns jedoch mit konkreten Zeitmanagementstrategien für den Alltag beschäftigen, möchten wir zunächst einmal die Vogelperspektive einnehmen, um grundsätzlich auf die eigene Zeitnutzung zu schauen. Wir laden Sie dazu ein, einen genaueren Blick auf Ihren eigenen Umgang mit Ihrer Zeit zu werfen: Wofür nutzen Sie aktuell Ihre wertvolle Zeit im Arbeitsalltag? Was passt dabei gut? Was weniger gut?

Um das herauszufinden, empfehlen wir Ihnen, für mindestens eine Woche eine genaue Analyse Ihrer Zeitnutzung vorzunehmen. Notieren Sie für diesen Zeitraum möglichst alle Tätigkeiten in Ihrem Kalender. Nicht nur die Besprechungen, die geplant in Ihrem Kalender stehen, sondern auch ungeplante Telefonate und andere Aktivitäten, wie die Bearbeitung einer bestimmten Aufgabe, das Abarbeiten von E-Mails oder die ungeplante Kaffeepause mit einem Kollegen sollten für den Analysezeitraum im Kalender eingetragen werden. Beschreiben Sie jeweils kurz, was Sie getan haben. Egal ob Telefonate zu mehr oder weniger relevanten Themen, konzentrierte Arbeitsphasen an einem Projekt, Störfälle, um die Sie sich kümmern mussten: Packen Sie alles in Ihren Kalender. Wenn Ihnen dabei direkt etwas auffällt, dann notieren Sie sich am besten gleich Ihre gewonnenen Erkenntnisse in Ihrem Zeittagebuch. Womöglich stellen Sie bereits in dieser Phase der Analyse fest, dass Sie viel Zeit für eine Aufgabe genutzt haben, die eigentlich bei jemandem aus Ihrem Team besser passen würde oder dass Sie sich leicht von bestimmten Ablenkungen dazu verleiten lassen die Arbeit an wichtigen Aufgaben zu unterbrechen.

Beispiel: Analyse der Zeitnutzung

Michaela wählt zwei Wochen für ihre Analyse aus, die sich nicht grundsätzlich von anderen Wochen unterscheiden. Sie hat in ihrem Kalender alle geplanten Besprechungen mit ihren Teammitgliedern und anderen Gesprächspartnern stehen. Jeden Tag notiert sie außerdem, was sie im Tagesverlauf alles erledigt hat. Am Montag hat sie zwischen 8:00 und 8:30 Uhr eine Besprechung mit einem Mitarbeiter aus ihrem Team. In dieser Besprechung sprechen sie über den aktuellen Stand wichtiger Aufgaben des Mitarbeiters, wobei der Mitarbeiter einige Themen mitgebracht hat, zu denen er die Meinung von Michaela einholen möchte. Zwischen 8:30 und 9:00 Uhr bearbeitet Michaela E-Mails, dabei geht es etwa zu gleichen Teilen um E-Mails, bei denen sie ihre Teammitglieder um etwas bitten, und um Anliegen von Kolleginnen und Kollegen im Unternehmen. Es folgen bis 10:00 Uhr einige Telefonate mit Teammitgliedern, in denen es um Aufgaben geht, die die Teammitglieder bearbeiten. Zwischen 10:00 und 11:00 Uhr hat sie eine Besprechung mit ihrer eigenen Führungskraft, in der sie sich zu wichtigen Aufgaben und Themen abstimmen, die ihr Team betreffen. Zwischen 11:00 und 12:00 Uhr arbeitet Michaela an einem fachlichen Projekt, wobei sie von einigen Anrufen unterbrochen wird. So pflegt sie ihren Kalender im Analysezeitraum sehr sorgsam, damit ein klares Bild ihrer Zeitnutzung entsteht.◄

Für Ihre Analyse müssen Sie nicht jedes einzelne 2-minütige Telefonat notieren. Wenn Ihnen die Erfassung sehr aufwendig und kleinteilig erscheint, dann können Sie für jede Stunde in Ihrem Kalender die dominierende Tätigkeit notieren, beispielsweise „Telefonate mit Kunden zu Reklamationen", „Telefonate mit Teammitgliedern, um Feedback zu geben", „Bearbeitung von E-Mails zu fachlichen Themen", „Kaffeepause mit Kolleginnen und Kollegen".

2.2 Der Alltag von Führungskräften: Priorität auf die eigentlichen Führungsaufgaben legen

Nachdem wir uns im vorausgehenden Abschnitt mit der tatsächlichen Zeitnutzung in der Führungsrolle beschäftigt haben, wollen wir in diesem Abschnitt diskutieren, welche Aufgaben in einer Führungsfunktion besonders wichtig sind. Tab. 2.1 gibt einen Überblick über wichtige Führungsaufgaben (vgl. auch Felfe, 2009, S. 6 ff.; Häfner & Hofmann, 2021, S. 6). Wir differenzieren sieben wichtige Bereiche und beginnen dabei mit der Führungskraft selbst, schauen dann auf die Führungsarbeit in Bezug auf das Team und dann auf Aspekte, die über das eigene Team hinausgehen. Beim Durchlesen können Sie sich gerne mit der Frage beschäftigen, welche Aufgaben Sie aktuell als Führungskraft wahrnehmen und welche möglicherweise noch nicht oder zu wenig in Ihrer Führungspraxis vorkommen. Notieren Sie Erkenntnisse in Ihr Zeittagebuch. Sie müssen nicht alles machen, was in der Tabelle steht, aber womöglich sind Aufgaben dabei, die Sie zukünftig stärker in Ihrem Alltag verankern wollen, weil Sie Ihnen in Ihrer Führungsfunktion als wichtig erscheinen.

Aus unserer Sicht sind die hier skizzierten sieben Bereiche wesentlich für viele Führungsfunktionen, insbesondere für Teamleiterinnen und Teamleiter. Wir haben einige Beispiele zur Konkretisierung aus unserer Arbeit mit Führungskräften ausgewählt.

Im nächsten Schritt nehmen Sie nun die persönliche Analyse der eigenen Zeitnutzung aus Abschn. 2.1 und schauen Sie sich diese mit Blick auf die sieben Bereiche genauer an. Ordnen Sie zu diesem Zweck Ihre einzelnen Tätigkeiten den sieben Aufgabenbereichen zu. Hierfür empfehlen wir Ihnen, für jeden Bereich ein eigenes Blatt anzulegen oder ein digitales Whiteboard zu verwenden und darunter mit Zeitangaben die passenden Tätigkeiten zu notieren. Tätigkeiten, die sich in mehrere Kategorien einordnen lassen, können Sie dabei gerne mehreren Bereichen zuordnen. Sie werden wahrscheinlich noch zwei weitere Bereiche benötigen: zum einen *operative Aufgaben* und zum anderen eine Kategorie mit *Sonstiges*. Unter den *operativen Aufgaben* verstehen wir Tätigkeiten, die nicht direkt an die

Tab. 2.1 Grundlegende Führungsaufgaben mit Beispielen

Führungsaufgaben	Beispiele für die Führungspraxis
Selbstführung	• Sich durch gutes Zeitmanagement um eine effektive und effiziente Nutzung der eigenen Arbeitszeit kümmern (z. B. sich jeden Abend 10 Minuten Planungszeit für die kommenden Tage nehmen) • Eigene Gewohnheiten reflektieren und dysfunktionale Gewohnheiten verändern (z. B. bei einer Neigung zu Unpünktlichkeit Maßnahmen ergreifen, um pünktlich bei Besprechungen zu sein; daran arbeiten Sachverhalte in Gesprächen schneller auf den Punkt zu bringen) • Sich gut um die eigene Gesundheit kümmern (z. B. medizinische Check-Up-Angebote wahrnehmen; täglich mehrere 5-minütige Pausen einlegen) • An der eigenen Emotionsregulation arbeiten (z. B. mehr Besonnenheit in angespannten Situationen entwickeln) • Über die eigene Führungsarbeit nachdenken/sich bewusst Zeit für Reflexion nehmen (z. B. zur eigenen Zeitnutzung oder zu Zielen für die kommenden Monate) • Neues ausprobieren und lernen (z. B. von Teammitgliedern den Umgang mit neuen IT-Tools lernen) • Offen sein für Feedback von anderen (z. B. von Teammitgliedern) und Schlussfolgerungen daraus ziehen
Trainieren & Entwickeln	• Neue, anspruchsvolle Aufgaben an Teammitglieder übertragen (z. B. nicht selbst in einem wichtigen Projekt mitarbeiten, sondern jemanden aus dem Team darum bitten) • Feedback geben (z. B. nach gemeinsamen Kundenbesuchen) • Mitarbeitende in ihrer Kompetenz- und Karriereentwicklung unterstützen (z. B. Aufgaben so platzieren, dass die Mitarbeitenden ihre Kompetenzen erweitern können) • Potenzialanalysen durchführen (z. B. zur Frage, ob jemand als Führungskraft geeignet sein könnte) • Ziele für das Team und einzelne Teammitglieder erarbeiten (z. B. zu Kompetenzen, die aufgebaut werden müssen) • Mit Mitarbeitenden über Lernangebote sprechen (z. B. Präsenztrainings, E-Learning-Angebote) • Lerngelegenheiten für das Team schaffen (z. B. durch Benchmarking mit anderen Teams/anderen Unternehmen)

(Fortsetzung)

Tab. 2.1 (Fortsetzung)

Führungsaufgaben	Beispiele für die Führungspraxis
Motivieren	• Ein offenes Ohr für die Anliegen der Teammitglieder haben und sich für das Team einsetzen (z. B. sich um passende Arbeitsmittel kümmern) • Die Mitarbeitenden um ihre Meinung bitten (z. B. im Auswahlprozess neuer Kolleginnen und Kollegen) • Dank und Anerkennung aussprechen (z. B. für besondere Hilfsbereitschaft) • Freiräume geben und Eigenverantwortung stärken (z. B. über Ziele und Rahmenbedingungen sprechen, aber keine Detailschritte auf dem Weg zur Zielerreichung vorgeben) • Unnötige und unpassende Aufgaben identifizieren und verändern (z. B. Arbeitsschritte erkennen, die digitalisiert werden können) • Störfaktoren anpacken, die das Team behindern (z. B. unklare Aufgabenverteilung mit anderen Bereichen) • Immer wieder reflektieren, ob die Aufgaben gut zu den Interessen passen (z. B. könnte bei einem Mitarbeitenden im Innendienst der Wunsch entstehen stärker im direkten Kundenkontakt zu arbeiten) • Sich um Fairness gegenüber den Mitarbeitenden bemühen (z. B. Karriereentscheidungen anhand relevanter Kriterien vornehmen) • Sich um angemessene materielle und immaterielle Anerkennung kümmern (z. B. um die Vergütung von Mehrarbeit)
Die Gesundheit der Teammitglieder schützen & fördern	• Überlastung von Teammitgliedern erkennen und Maßnahmen ergreifen (z. B. Aufgaben innerhalb des Teams umverteilen) • Sich um gesunde Arbeitsbedingungen bemühen (z. B. Ergonomie am Arbeitsplatz; Einhaltung von Pausenzeiten) • Selbst als Vorbild für einen gesunden Lebens- und Arbeitsstil fungieren (z. B. selbst Pausen einlegen) • Sich um die Einhaltung von Sicherheitsvorschriften kümmern (z. B. das Tragen von Sicherheitsschuhen)

(Fortsetzung)

Tab. 2.1 (Fortsetzung)

Führungsaufgaben	Beispiele für die Führungspraxis
Koordinieren & Delegieren	• Aufgaben nach Interessen, Fähigkeiten und Kapazitäten übertragen (z. B. nicht nur den Teammitgliedern neue Aufgaben übergeben, die sich immer freiwillig melden und damit in Überlastungssituationen kommen) • Teambesprechungen durchführen (z. B. monatlich mit Protokollierung) • Arbeitsanleitungen und Checklisten erstellen (z. B. zu neuen Arbeitsprozessen) • Aufgabenverteilung/Zuständigkeiten im Team gut klären (z. B. in einem jährlichen Klausurtag die Aufgabenverteilung im Team reflektieren) • Arbeitsprozesse gemeinsam mit den Mitarbeitenden verbessern (z. B. Arbeitsprozesse mit Blick auf Aufwand und Nutzen reflektieren; Potenziale für Effizienzsteigerungen erkennen und nutzen)
Das Team/den eigenen Verantwortungsbereich entwickeln	• Über die Situation im Team und die Zukunft des Teams nachdenken (z. B. wie die Zusammenarbeit im Team verbessert werden kann) • Über strategische Themen/aufkommende Veränderungen und neue Aufgaben reflektieren (z. B. wie sich der Markt verändert und was das für die Aufgaben im Team bedeuten wird) • Als Vorbild die Zusammenarbeit im Team prägen (z. B. Optimismus und Wertschätzung vorleben) • Plattformen für die Förderung von Freundschaftsnetzwerken schaffen (z. B. Teamessen und Teamausflüge) • Teamregeln erarbeiten (z. B. zur Gestaltung der Zusammenarbeit im Team) • Konflikte im Team klären (z. B. unter Hinzuziehung eines externen Mediators)
Die eigene Führungskraft unterstützen, Gremienarbeit, Wirkung ins Unternehmen	• Die eigene Führungskraft beraten (z. B. zu Themen, die die gesamte Abteilung betreffen) • Gegebenenfalls in Vertretung Aufgaben der eigenen Führungskraft übernehmen (z. B. als Urlaubsvertretung) • Unterlagen für Gremien erstellen, daran teilnehmen und nachbereiten (z. B. wichtige Informationen mit anderen Bereichen teilen) • Besprechungen mit anderen Führungskräften im Unternehmen (z. B. zu gemeinsamen Aufgaben)

Führungsrolle gekoppelt sind. Wenn Sie also als Einkaufsleiter eine Einkaufsver-
handlung führen oder als Verkaufsleiter ein Kundengespräch. Solche Aufgaben
kommen in diese Kategorie. Unter die Rubrik *Sonstiges* fallen alle anderen Aufgaben, die Sie keiner der anderen acht Kategorien zuordnen können. Im nächsten
Schritt laden wir Sie dazu ein, Ihre Zeitnutzung genauer zu betrachten.

▷ **Tipp** Wenn Ihnen das vorgeschlagene Vorgehen zu aufwendig
erscheint, dann können Sie alternativ auch für jede der neun Kategorien eine Farbe definieren und die jeweilige Tätigkeit in Ihrem
digitalen Kalender mit der entsprechenden Farbe hinterlegen. Diese
visuelle Veranschaulichung lässt sehr schön deutlich werden, welche Aufgabenbereiche bei Ihnen dominieren und welche womöglich
mehr Raum einnehmen sollten.

**Fragen zur kritischen Reflexion der eigenen Zeitnutzung mit Blick auf die
wesentlichen Führungsaufgaben**

- Gibt es in Tab. 2.1 Aufgabenbereiche, die in Ihrem Arbeitsalltag sehr selten
  oder gar nicht vorkommen? Welche Gründe sehen Sie dafür? Ist das so für
  Sie in Ordnung oder möchten Sie daran etwas verändern?
- Müssen die operativen Aufgaben alle von Ihnen selbst erledigt werden
  oder gibt es Teammitglieder, die diese Aufgaben auch bearbeiten könnten?
  Sehen Sie in dieser Kategorie Handlungsbedarf?
- Wie sind Sie mit der Verteilung Ihrer Zeit auf die verschiedenen Kategorien
  zufrieden? Sind die Prioritäten richtig gesetzt? Passt das alles so, wie es
  ist, oder möchten Sie etwas verändern?
- Wie bewerten Sie die Aufgaben in der Kategorie *Sonstiges*? Sind da
  Aufgaben dabei, die Sie grundsätzlich streichen möchten?
- Vermissen Sie Aufgaben (z. B. die Arbeit an langfristigen Projekten)? Wie
  stark ist da der Wunsch nach einer Veränderung?

Wenn Sie Ihre Zeitnutzung kritisch reflektieren, dann kann es hilfreich sein, nicht
nur von Ihren eigenen Erwartungen an Ihre Zeitnutzung auszugehen, sondern darüber auch mit Ihren Mitarbeitenden und Ihrer eigenen Führungskraft zu sprechen.
Welche Erwartungen haben Ihre Mitarbeitenden und Ihre Führungskraft an Ihre
Zeitnutzung? Worum sollen Sie sich aus deren Perspektive kümmern? Wie können Sie Ihre Teammitglieder dabei unterstützen gute Leistungen zu erbringen?

Was ist Ihr Beitrag zu den Teamzielen? Solche Gespräche zur Erwartungsklärung können in vielerlei Hinsicht hilfreich sein. Weitere Informationen und Anregungen hierzu finden Sie bei Häfner und Hofmann (2021).

Womöglich kommen Sie zu dem Ergebnis, dass Ihre Prioritäten richtig gut gesetzt sind. In diesem Fall können Sie die Analyse als Bestätigung Ihrer Prioritätensetzung sehen. Versuchen Sie kein Problem zu lösen, wo es keines gibt. Vielleicht sind Ihnen jedoch einige Punkte aufgefallen, die Sie verändern möchten. Aus unserer langjährigen Arbeit mit vielen Führungskräften wissen wir, dass es neben ganz individuellen Erkenntnissen auch typische Probleme gibt. Dazu gehört beispielsweise, dass Meetings als nicht hinreichend effektiv und effizient wahrgenommen werden und dass die Zeitaufteilung zwischen operativen Aufgaben und den Kernaufgaben der Führungsrolle als unpassend erscheint. Um auf für Sie relevante Punkte zu kommen, kann Ihnen auch die Beschreibung eines erwünschten Ziel-Zustandes helfen.

Fragen zur Entwicklung Ihrer Ziel-Arbeitswoche und Vorbereitung von Veränderungen

- Wie wünschen Sie sich die Zeitaufteilung in der Zukunft?
- Wie sollte eine typische Arbeitswoche aussehen?
- Was müssen Sie verändern, um den Zielzustand zu erreichen?
- Was sind die wichtigsten Stellhebel, die zu spürbaren Effekten führen werden?
- Was könnte ein erster Schritt sein, den Sie in der nächsten Woche direkt umsetzen?
- Wer kann Ihnen bei der Veränderung helfen? Mit wem möchten Sie in den nächsten Tagen darüber sprechen?
- Was ist nun Ihr konkreter Plan? Was werden Sie tun?
- Wann möchten Sie Ihre Fortschritte reflektieren?

Viele Führungskräfte wachsen nach unserer Erfahrung so in Führungsrollen hinein, dass sie weiterhin viele operative Aufgaben bearbeiten. Das hat ohne Frage eine Reihe von Vorteilen. So bleiben Führungskräfte fachlich weiter auf der Höhe der Zeit, werden eher als Vorbilder wahrgenommen, bekommen leichter Akzeptanz für ihre Entscheidungen und können ihren Teammitgliedern fundierter Feedback geben. Sie haben zudem die Möglichkeit Aufgaben beizubehalten, die oft ein wichtiger Grund für sie waren, einen bestimmten Beruf überhaupt erst zu ergreifen. Wer sich aus Interesse am Kundenkontakt für den Beruf des Verkäufers entschieden hat, wird auch als Verkaufsleiter auf diesen Kontakt kaum verzichten wollen. Das ist völlig in Ordnung so und hat die beschriebenen Vorteile. Wenn jedoch die Dosierung nicht stimmt, dann bleibt zu wenig Raum für die in Tab. 2.1 beschriebenen Führungsaufgaben. Alle Zeitmanagementtechniken können ihr volles Potenzial nicht entfalten, wenn die grundsätzliche Dosierung zwischen eigenen operativen Themen und Führungsaufgaben nicht passt. Wenn Sie für sich feststellen, dass Sie hier eine Schieflage haben, dann empfehlen wir sehr, zunächst daran zu arbeiten, bevor Sie sich mit bestimmten Zeitmanagementtechniken weiter befassen: Arbeiten Sie an den richtigen Aufgaben? Wie passend sind Ihre Prioritäten gesetzt?

> **Tipp** Wenn Sie aufgrund Ihrer Zeitanalyse zu dem Schluss gekommen sind, dass Sie mehrere Veränderungen angehen wollen, dann empfehlen wir Ihnen zunächst nur ein Thema anzupacken. Wählen Sie sich eine Veränderung aus, die Ihnen wirklich wichtig ist, die Ihnen gut umsetzbar erscheint und die einen ersten spürbaren Unterschied in Ihrer Arbeit erzeugt. Halten Sie Ihre Überlegungen in Ihrem Zeittagebuch fest. Überfordern Sie sich nicht mit zu vielen guten Vorsätzen!

Als Menschen sind wir Gewohnheitstiere. Sie haben womöglich bestimmte Aufgaben in Ihrem Paket, die Sie seit Jahren erledigen. Ist das noch sinnvoll so? Ist die Aufgabe überhaupt sinnvoll? Ist die Art der Umsetzung sinnvoll? Wir möchten Sie dazu einladen Eingefahrenes zu hinterfragen und gegebenenfalls zu verändern. Wahrscheinlich haben Sie hierzu schon die ein oder andere Idee entwickelt. Ergänzend finden Sie in Tab. 2.2 einige Anregungen, falls Sie mehr Zeit für Führungsaufgaben einsetzen möchten.

Womöglich verfolgen Sie auch Ziele, die nicht mehr gut zu Ihrer Rolle als Führungskraft passen. Es ist wichtig, Ziele auch aufgeben zu können. Gerade in einer Arbeitswelt, die eher davon geprägt ist, sich viele und immer wieder neue Ziele zu setzen, kann es im Sinne der Prioritätensetzung wertvoll sein, sich ganz bewusst von bestimmten Zielen zu lösen. Vielleicht passt es einfach nicht mehr, Spanisch lernen zu wollen, weil dieses Ziel aus Ihrer Vergangenheit nicht zu den aktuellen Zielen passt, die heute wichtiger für Sie sind.

> **Tipp** Genauso wie das Setzen von Zielen gerade für Führungskräfte wichtig ist, ist es auch wichtig, Ziele aufzugeben. Rahmenbedingungen verändern sich, Kundenanforderungen verändern sich, es gibt neue Erkenntnisse … Wenn Sie neue Ziele setzen, dann überlegen

Tab. 2.2 Ansatzpunkte, um mehr Zeit für wichtige Führungsaufgaben zu schaffen

Ansatzpunkte	Impulsfragen
Aufgaben weglassen	• Wie ist bei Ihren Aufgaben das jeweilige Verhältnis von Aufwand und Nutzen? • Welche Aufgaben sind dabei, die sie (mittlerweile) als unnötig erleben? • Mit wem müssen Sie sprechen/was müssen Sie tun, um das zu verändern? • Welche Aufgaben können Sie gegebenenfalls eigenverantwortlich streichen?
Aufgaben mit weniger Aufwand bearbeiten	• Passt bei Ihren Aufgaben jeweils der Qualitätsanspruch oder ist weniger Qualität genauso passend? • Bei welchen Aufgaben dürfen Sie sich trauen, weniger Zeit zu investieren, weil Sie aufgrund Ihrer Erfahrungen auch mit weniger Aufwand ein gutes Ergebnis erzielen können? • Welche einzelnen Arbeitsschritte können weggelassen oder effizienter gestaltet werden? • Welche Aufgaben können durch digitale Tools aufwandsärmer umgesetzt werden?
Aufgaben delegieren	• Welche Aufgaben müssen nicht zwingend von Ihnen bearbeitet werden? • Wem könnten Sie Aufgaben aus Ihrem Paket möglichst eigenverantwortlich übertragen? • Für wen könnten bestimmte Aufgaben eine Chance sein, zum Beispiel um etwas Neues zu lernen oder das eigene Aufgabenpaket attraktiver zu gestalten?
Strukturelle Veränderungen angehen	• Wie viele Teammitglieder haben Sie in Ihrer Führungsverantwortung? Ist eine Teamteilung möglich, wenn es zu viele Mitarbeitende sind? • Haben Sie einen Stellvertreter? Wie kann ein Stellvertreter Sie noch besser entlasten? • Welche anderen Funktionen im Team könnten Sie entlasten (z. B. ein Einarbeitungspate für neue Teammitglieder, eine Ausbilderin oder Praktikantenbetreuerin zur Begleitung der Auszubildenden und Praktikanten, ein Key User als Ansprechpartner im Team für eine wichtige Software)?

Sie auch, welche anderen Ziele Sie dafür aufgeben und was das für Ihr Aufgabenpaket bedeutet. So kommen Sie zu klaren Prioritäten. Prioritäten zu setzen bedeutet, sich von bestimmten Zielen zu lösen!

Wir wünschen Ihnen viel Erfolg beim Anpacken! Schreiben Sie uns auch gerne eine E-Mail, wenn Sie die ersten Fortschritte erzielt haben, damit wir uns mit Ihnen darüber freuen können. Veränderungen brauchen oft einige Wochen. Es kann etwas dauern, bis neue Verhaltensmuster entstehen. Rechnen Sie mit Rückschlägen auf diesem Weg.

> ▶ **Tipp** Wir möchten Ihnen noch einen Tipp ans Herz legen. Wenn Sie Ihre Zeitnutzung stärker verändern möchten, dann kann auch die Unterstützung durch einen Coach wertvoll sein. Ein Coach kann Ihnen dabei helfen Ihre Gedanken zu sortieren, zu stimmigen Entscheidungen zu kommen und Handlungsschritte auszuwählen, die gut zu den angestrebten Veränderungen passen. Womöglich müssen Gespräche mit anderen Führungskräften vorbereitet, Konsequenzen der Veränderungen abgewogen und Hindernisse überwunden werden. Ein Coach kann auf diesem Weg ein wertvoller Gesprächspartner sein, um Ihren persönlichen Veränderungsprozess zu begleiten.

Die Reflexion des eigenen Aufgabenpaketes sollte keine einmalige Aktion sein, sondern immer wieder vorgenommen werden. Beschäftige ich mich mit den richtigen Themen? Setze ich meine Zeit für unser Unternehmen wertvoll ein? Gehen Sie auch wertvoll mit der Arbeitszeit Ihrer Teammitglieder um. Wir empfehlen Ihnen, sich immer wieder (z. B. einmal im Quartal) Zeit im Kalender für diese Fragen einzuplanen.

Beispiel: Veränderungsbedarf feststellen und Maßnahmen ableiten

Michaela hat festgestellt, dass sie etwa 70 % ihrer Zeit mit operativen Aufgaben der Kundenbetreuung verbringt und sich mit Fragen der *Selbstführung* so gut wie nie beschäftigt. Bei den Führungsaufgaben hat sie sich bislang vor allem auf Aufgaben aus den Bereichen *Trainieren & Entwickeln* sowie *Delegieren & Koordinieren* konzentriert. Sie möchte einige Veränderungen vornehmen. Als Ziel-Zustand stellt sie sich vor, etwa **60 %** ihrer Zeit für operative Aufgaben aufzuwenden und die gewonnene Zeit für Aufgaben aus den Bereichen *Selbstführung* und *Motivieren* zu nutzen. Sie plant operative Aufgaben an zwei Kolleginnen im Team zu übergeben, zu denen diese Aufgaben aus ihrer Sicht gut passen und die dafür noch Kapazitäten haben sollten. Sie vereinbart gleich einen Termin mit ihren Kolleginnen, um das Thema zu besprechen. Michaela möchte im Bereich *Selbstführung* gerne etwas für ihre Digital-Kompetenz tun und sich intensiver in die Nutzung digitaler Arbeitstools einarbeiten. Im Bereich *Motivieren* hat sie vor allem einige Störfaktoren im Blick, die ihr Team ganz schön belasten und um deren Lösung sie sich kümmern möchte.

Dazu zählt ein größerer Konflikt mit einer anderen Abteilung, den sie angehen will, und Klärungen mit der IT zu einer wichtigen Software, die noch nicht richtig funktioniert und so immer wieder zu Ärger führt.◄

Der Tag als wichtigste Planungseinheit: Wie gestalte ich meinen Tagesablauf effektiv und effizient?

In diesem Kapitel beschäftigen wir uns mit der Frage, wie Sie Ihre tägliche Arbeitszeit möglichst effektiv und effizient nutzen können. Es geht also darum das Richtige richtig zu tun. Der einzelne Arbeitstag ist dabei für uns die zentrale Planungseinheit. Aus dem entscheidungstheoretischen Zeitmanagementmodell (Koch & Kleinmann, 2002) lässt sich ableiten, dass langfristige Ziele (z. B. die Erarbeitung von Lebens- oder Jahreszielen) nicht ausreichen, um unser Verhalten in der Gegenwart zu beeinflussen (vgl. Abschn. 2.1). In langfristigen Zukunftsplänen zu schwelgen mag sich gut anfühlen, bringt Sie allerdings nicht ans Ziel. Über Erfolg oder Misserfolg entscheiden wir durch die Art unserer Tagesplanung.

Zunächst beschäftigen wir uns mit dem Setzen von Prioritäten für den einzelnen Arbeitstag und was Sie konkret tun können, damit Sie auch schaffen, was Sie gerne anpacken möchten. Ein weiterer Schwerpunkt wird das Aufdecken und Vermeiden von Ablenkungen sein. Wir werden der Frage nachgehen, welche typischen Ablenkungen Sie erleben und was Sie präventiv und in einer ablenkenden Situation tun können. Im nächsten Schritt beschäftigen wir uns mit einigen Überlegungen rund um das Thema Selbstreflexion Ihres täglichen Zeitmanagements. Abschließend gehen wir auf die effektive und effiziente Gestaltung von Meetings ein. Meetings nehmen in der Praxis vieler Unternehmen viel Raum ein und weisen in der Vorbereitung, Durchführung und Nachbereitung oft Potenzial für Verbesserungen auf (z. B. Elsayed-Elkhouly et al., 1997).

A. Häfner und S. Hofmann, *Zeitmanagement für Führungskräfte,* essentials, https://doi.org/10.1007/978-3-662-65124-7_3

3.1 Den Arbeitstag entsprechend der eigenen Prioritäten systematisch planen

In Kap. 2 sind wir auf wichtige Führungsaufgaben eingegangen und Sie haben sich Gedanken dazu gemacht, wie Sie Ihre aktuelle Zeitnutzung bewerten und welche Veränderungen Sie angehen möchten. Nun gilt es, die gesetzten Prioritäten in den Arbeitsalltag zu transferieren.

▷ **Tipp** Stellen Sie sich mit Blick auf jeden Arbeitstag die Frage, welche Aufgaben Ihnen besonders wichtig sind und was Sie besser kürzen, streichen oder delegieren sollten. Ergänzend kann es hilfreich sein, diese Überlegungen gemeinsam mit Ihrer eigenen Führungskraft anzustellen oder sich von einer anderen Führungskraft kollegialen Rat dazu einzuholen.

Den Kalender entschlacken
Wenn Sie sich nun aus dieser Perspektive die nächsten Arbeitstage in Ihrem Kalender anschauen, dann fallen Ihnen womöglich geplante Termine und Aufgaben auf, die mit Blick auf Ihre eigentlichen Prioritäten nicht gut passen. Packen Sie diese Punkte an. Auch kleine Veränderungen können hilfreich sein und mit darüber entscheiden, ob Sie sich am Abend mehr oder weniger gestresst fühlen. Überlegen Sie sich, wie viel Zeit Sie beispielsweise Besprechungen einräumen wollen.

Beispiel: nicht jede Besprechung muss für eine Stunde angesetzt werden

Michaela stellt fest, dass in ihrem Kalender alle Besprechungen für eine Stunde terminiert sind. Unabhängig vom Personenkreis und den Themen, wird für Besprechungen einfach immer eine Stunde im Kalender reserviert. Sie glaubt, dass das nicht sinnvoll ist, weil sie die Erfahrung gemacht hat, dass viele Besprechungen sich ganz schön in die Länge ziehen und oft nicht so konzentriert ablaufen, wie sie sich das eigentlich wünscht. Es wird über Randthemen gesprochen und manche Themen werden ihr zu breitgetreten, geradezu zerredet. Irgendwie wird die angesetzte Stunde fast immer ausgefüllt, obwohl eine kürzere Zeitspanne für die Bearbeitung der Themen gereicht hätte. Sie glaubt, dass auch ihre Kolleginnen und Kollegen im Team, fokussierte Besprechungen als sinnvoller erleben würden. Sie bespricht das mit ihrem Team. In der Folge setzen sie nun für Besprechungen in der Regel eine halbe Stunde an, wobei je nach Thema differenziert werden kann, sodass nun manche Besprechungen beispielsweise für 20 Minuten oder für 45 Minuten etc. in ihrem

Kalender stehen. Wenn Sie Besprechungen mit Kolleginnen und Kollegen im Unternehmen initiiert, dann legt sie je nach Thema den Zeitrahmen ebenfalls differenzierter fest. Im Ergebnis steht in ihrem Kalender deutlich weniger Besprechungszeit.

Bei einzelnen Terminen ist sie der Meinung, dass diese besser von einzelnen Kolleginnen und Kollegen in ihrem Team wahrgenommen werden können, weil diese sich mit dem jeweiligen Thema besser auskennen. Auch diese Veränderungen geht sie an. Die freiwerdende Zeit nutzt sie zum einen dazu, um sich im Tagesablauf mehrere kurze Pausen zu gönnen und zum anderen plant sie mehr Zeit für Aufgaben ein, die ihr besonders wichtig sind. ◀

Wichtige Aufgaben fest verankern
Gerade wichtige Aufgaben müssen im Kalender verankert werden. Am besten planen Sie dafür möglichst konkret: „Wenn ich morgen gegen 13:30 Uhr aus der Kantine an meinen Arbeitsplatz komme, dann arbeite ich an meinem Projekt zur Kundenanalyse weiter, um die Präsentation für den Kick-Off-Termin fertig zu bekommen." Nehmen Sie sich solche wichtigen Dinge am Abend vorher konkret vor und verankern Sie diese Aufgaben fest in Ihrem Kalender. Es gibt zahlreiche Befunde, die die Annahme stützen, dass diese Form der konkreten Planung sehr hilfreich ist, um wirklich das zu tun, was wir eigentlich tun möchten (z. B. Gollwitzer, 1999).

Als Führungskraft begegnen Sie an jedem Tag vielfältigen Anforderungen und viele Aufgaben buhlen darum, von Ihnen bearbeitet zu werden. Ohne klare Prioritäten und die feste Verankerung wichtiger Aufgaben im Kalender wird es deshalb nicht gehen. Sie werden keine Zeit für das wichtige Projekt *finden,* wenn Sie es nicht in Ihrem Kalender verankern und sich die Umsetzung in der beschriebenen Weise konkret vornehmen. Vor allem ritualisierte Ereignisse, wie die Rückkehr aus einer Kaffeepause am Vormittag oder am Nachmittag, eignen sich gut, um daran andere Aufgaben quasi anzuheften. „Wenn ich gegen 15:30 Uhr aus der Kaffeeküche zurückkomme, dann bereite ich das Entwicklungsgespräch mit meiner Kollegin Miriam vor, damit ich das Gespräch am Freitag gut vorbereitet führen kann."

Eine Variante kann auch die Einführung einer *stillen Stunde* für wichtige Aufgaben sein. Diese Stunde wird im Kalender fest definiert und darf nicht durch Besprechungen oder die Bearbeitung von E-Mails gefüllt werden, sondern steht ausschließlich für die Bearbeitung wichtiger Aufgaben zur Verfügung. König et al. (2013) finden positive Effekte einer solchen stillen Stunde auf die Leistung von Führungskräften.

Die Dauer von Aufgaben richtig einschätzen
Wenn Sie neben Besprechungszeiten, die Bearbeitung weiterer Aufgaben im
Kalender verankern, dann führt das zwangsläufig zur Frage, wie lange wohl die
Bearbeitung einer bestimmten Aufgabe dauern wird. An dieser Stelle lauert eine
wichtige Zeitmanagementfalle. Wir sind sehr schlecht darin, die Bearbeitungszeit
von Aufgaben realistisch einzuschätzen: In aller Regel unterschätzen wir die Dauer
von Aufgaben (Kahneman & Tversky, 1979). Dagegen können wir jedoch etwas
unternehmen. Die Einschätzungen werden besser, wenn wir uns überlegen, wie
lange andere Personen für die Bearbeitung benötigen würden, oder wenn wir uns
an bisherige Erfahrungen mit ähnlichen Aufgaben erinnern und diese einbeziehen
(Buehler et al., 1994).

Leerzeiten sinnvoll nutzen
Immer wieder kann es auch *Leerzeiten* geben, die sinnvoll genutzt werden können.
Dazu zählen beispielsweise Flugreisen, Bahn- und Autofahrten oder Wartezeiten.
Im Zug kann womöglich ein *essential* zu einem interessanten Thema gelesen werden
oder Telefonate lassen sich auf längere Autofahrten legen. Das heißt nun nicht, dass
Sie auf einer Zugfahrt jede Stunde mit einer sinnvollen Tätigkeit füllen müssen. Ganz
im Gegenteil, Sie können sich auch für eine ruhige Stunde des Nachdenkens, des aus
dem Fenster Schauens oder für ein Gespräch mit anderen Reisenden entscheiden.

Regenerationsphasen einplanen
Jeder Tag braucht Pausen. Jede Woche braucht arbeitsfreie Phasen. Es wäre eine
Pervertierung von Zeitmanagement, wenn wir Zeitmanagementtechniken so nut-
zen wollen würden, dass jede Stunde des Tages möglichst für irgendeine sinnvolle
Tätigkeit genutzt wird. Durch Zeitmanagement soll gerade auch Raum für Pausen
und längere Regenerationsphasen geschaffen werden. Mit Blick auf Gesundheit und
Leistung wäre es fatal auf Pausen verzichten zu wollen.

> ▷   **Tipp** Legen Sie mindestens jede Stunde eine kurze Pause von weni-
>   gen Minuten ein (z. B. in dem Sie sich einen Tee in der Küche holen)
>   und machen Sie mindestens 45 Minuten Mittagspause. Gerne auch
>   eine aktive Mittagspause mit einem Spaziergang oder einer kurzen
>   Joggingrunde.

Niemals 100 % verplanen
Neben Besprechungsterminen, (wichtigen) Aufgaben und einer Mittagspause sollten in Ihrem Kalender auch Zeitfenster für die Bearbeitung von E-Mails, für spontane

Telefonate und unerwartete Ereignisse vorgesehen werden. Ob Sie nun beispielsweise eher 70 % oder eher 80 % Ihrer zur Verfügung stehenden Arbeitszeit fest verplanen, hängt von Ihren Aufgaben und von dem, was an unvermeidbaren Ereignissen zu erwarten ist, ab. Dabei kann Ihnen Ihre bisherige Berufserfahrung helfen. Womöglich ist es auch sinnvoll, mehr oder weniger Zeit fest zu verplanen. Wenn Sie bewusster mit Ihrer Zeit umgehen und Ihre Zeitnutzung täglich gut reflektieren, stehen Ihnen bald belastbare Informationen für eine gute Dosierung an Geplantem und Ungeplantem zur Verfügung. Wertvolle Erkenntnisse können Sie in Ihrem Zeittagebuch notieren. Es ist sehr wahrscheinlich, dass durch die Nutzung der hier beschriebenen Zeitmanagementtechniken ungeplante Ereignisse abnehmen werden. Wir gehen darauf im Abschnitt zur Analyse und Vermeidung von Ablenkungen näher ein.

Den kommenden Arbeitstag gedanklich durchspielen
Wenn Sie Ihren nächsten Arbeitstag, beispielsweise am Abend davor, nun zu Ihrer Zufriedenheit geplant haben, dann nehmen Sie sich einige Minuten Zeit, um den Tag gedanklich durchzugehen:

- Was haben Sie alles vor?
- Was ist Ihnen jeweils bei den Besprechungen und Aufgaben wichtig? Was wollen Sie erreichen?
- Welche Schwierigkeiten und Hindernisse könnten womöglich auftreten und wie gehen Sie damit um?

Es gibt überzeugende Hinweise, dass solche mentalen Simulationen dazu beitragen, das Stresserleben zu reduzieren. Wir wissen, was auf uns zukommen kann, und fühlen uns gut vorbereitet. Für mögliche Hindernisse haben wir Gegenmaßnahmen parat. Insgesamt steigt unser Kontrollerleben (Taylor et al., 1998).

Die Planung der Arbeitstage immer wieder reflektieren
Nachfolgend geben wir Ihnen zusammenfassend wichtige Fragen mit an die Hand, um Ihre Tagesplanung reflektieren zu können.

Fragen zur effektiven und effizienten Planung des Arbeitstages

- Habe ich alle geplanten Besprechungen in meinem Kalender stehen?
- Ist in meinem Kalender Zeit für die Bearbeitung (wichtiger) Aufgaben so verankert, dass klar ist, was ich wann bearbeiten möchte?
- Habe ich Zeit für Pausen eingeplant?

- Wie gut passt die Mischung aus Zeit für geplante Aufgaben und unerwarteten Ereignissen?
- Basierend auf welchen Informationen schätze ich die Dauer von Aufgaben ein?
- Gibt es *Leerzeiten,* die ich anders nutzen möchte?
- Welche Aufgaben verschiebe ich, wenn dies durch unerwartete Ereignisse notwendig werden sollte?

3.2   Ablenkungen analysieren und vermeiden

Wir haben bereits dargestellt, dass es nur menschlich ist, dass wir anfällig für Ablenkungen sind. Wir bevorzugen Aktivitäten, die uns kurzfristig einen kleinen Nutzen stiften, gegenüber langfristig bedeutsamen Aufgaben mit größerem Nutzen (siehe Abschn. 2.1). Dem netten Kollegen können wir eine Einladung zu einem Kaffee in der Kaffeeküche nicht abschlagen, auch wenn wir eigentlich an einem wichtigen Projekt weiterarbeiten wollten. Interessiert hören wir uns im Meeting die Urlaubserzählungen einer Kollegin an, weil wir dort auch einmal hinfahren möchten. Solche Ablenkungen machen Spaß und stiften uns kurzfristig einen gewissen Nutzen. Nehmen solche Ablenkungen allerdings überhand, dann leiden unsere eigentlichen Aufgaben darunter. Es lohnt sich einmal genauer hinzuschauen, welche Ablenkungen uns jeden Tag begegnen.

Womöglich ist es uns unangenehm bei diesem Punkt selbstkritisch in den Spiegel zu schauen und eigene ungünstige Tendenzen zu erkennen. Es mag uns leichter fallen, bei anderen wahrzunehmen, dass sie gefühlt alle halbe Stunde eine Raucherpause einlegen und nach jedem Meeting nochmal 15 Minuten mit anderen über private Themen quatschen. Jetzt geht es jedoch nicht um die anderen, sondern um unsere eigenen Ablenkungen. Wir laden Sie zu maximaler Ehrlichkeit mit sich selbst ein ;-).

Fragen zur Identifikation von Ablenkungen im Arbeitsalltag

- An welchen Stellen ist mein Tagesplan heute *durcheinandergeraten?*
- Waren die Aktivitäten, die ich stattdessen ausgeführt habe, wirklich notwendig? Waren sie wichtiger als die eigentlich geplanten Aufgaben?
- Habe ich mich zu lange ablenken lassen?
- In welchen Situationen ist womöglich aus einer willkommenen kurzen Ablenkung eine zu lange Unterbrechung geworden?

- In welchen Situationen habe ich mich von anderen ablenken lassen, obwohl dies nicht notwendig gewesen wäre?

Wahrscheinlich kennen Sie die Situation, dass Sie sich am Abend fragen, wo die acht, neun oder gar zehn Stunden hingekommen sind, die Sie heute gearbeitet haben. Sie haben nur einen kleinen Teil von dem geschafft, was Sie sich vorgenommen hatten. Es mögen dringende und gleichzeitig wichtige Aufgaben dazwischengekommen sein, mit denen Sie nicht rechnen konnten und mit denen Sie sich unmittelbar beschäftigen mussten (z. B. ein Mitarbeiter äußert in einem Gespräch Fluktuationsabsichten, eine Mitarbeiterin wird krank und Sie müssen Aufgaben übernehmen, ein Kunde beschwert sich und ein Mitarbeiter zieht Sie hinzu). Daneben kann es andere Unterbrechungen geben, die eher ungünstige Ablenkungen darstellen oder gar als Zeitdiebe fungieren. Abb. 3.1 zeigt eine Auswahl an potentiell ungünstigen Ablenkungen.

Wir wollen nicht dafür werben, diese Ablenkungen gänzlich vermeiden zu wollen. So können beispielsweise private Gespräche bei der Arbeit als erholsame Pausen fungieren, die sich positiv auf die Gesundheit und die Leistung auswirken. Gerade in der Führungsrolle ist es wichtig, sich auch für die private Seite seiner Mitarbeitenden im Team zu interessieren. Gute Beziehungen unter den Kolleginnen und Kollegen sind wichtig für die Arbeitszufriedenheit und Mitarbeiterbindung. Darauf unter Zeitmanagementgesichtspunkten gänzlich verzichten zu wollen, wäre sicher der falsche Ansatz. Es kann auch zu Hause im Homeoffice praktisch sein, bewusst eine kurze Pause einzulegen und die Spülmaschine auszuräumen oder seiner Tochter eine Hilfestellung bei den Hausaufgaben zu geben. Wir werben nicht dafür, darauf zu verzichten. Allerdings wollen wir dafür sensibilisieren, dass solche Aktivitäten als Ablenkungen fungieren und überhandnehmen können. Negative Effekte sind dann wahrscheinlich: Wir können unseren Tagesplan nicht umsetzen, unsere Leistung leidet und wir ärgern uns am Abend über uns selbst. Wir wollen nur schnell eine Nachricht in WhatsApp beantworten oder etwas auf LinkedIn posten. Schnell werden dann aus fünf Minuten 20 Minuten. Auf solche Zeitmanagementfallen wollen wir aufmerksam machen. Auch Führungskräfte sind davor nicht gefeit.

> **Tipp** Achten Sie nächste Woche am Montag und Dienstag doch einmal ganz bewusst auf potenzielle Ablenkungen: Welchen Ablenkungen konnten Sie widerstehen? Welchen Ablenkungen sind Sie nachgegangen? Wie zufrieden sind Sie mit Ihrer persönlichen Ablenkungsdosis? Was möchten Sie verändern?

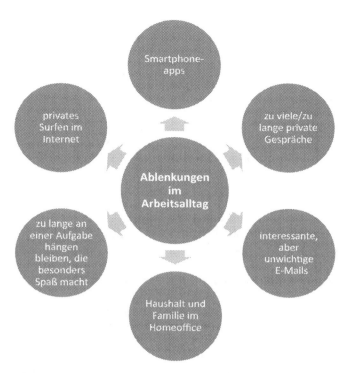

Abb. 3.1 Beispiele für mögliche Ablenkungen im Arbeitsalltag

Beispiel: auf der Suche nach den persönlichen Zeitdieben

Michaela fragt sich am Abend immer wieder, wo ihre Zeit eigentlich geblieben ist und hat den Eindruck, dass es da so einige Zeitdiebe bei ihr gibt. Sie schaut sich das einmal genauer an. Ihr fällt auf, dass sie sehr häufig ihr Smartphone nimmt und immer wieder private Nachrichten beantwortet. Sie stellt fest, dass das im Laufe eines Arbeitstages ca. 45 Minuten sind. Außerdem kann sie sehr schlecht widerstehen, wenn Kolleginnen und Kollegen aus ihrem Team sich einen Kaffee in der Kaffeeküche holen. Da geht sie gerne mit und freut sich über den netten Plausch. Ihr fällt auf, dass sie das am Tag ca. 4 Mal macht und dafür jeweils ca. 10 Minuten benötigt. Im geschäftlichen Pressespiegel bleibt sie gerne am ein oder anderen Artikel länger hängen, sodass Sie pro Tag ca. 20 Minuten im Pressespiegel liest. Es kommt da so einiges zusammen, was Michaela kritisch reflektiert. Was möchte sie so beibehalten? Was will sie verändern?

Auf die Kaffeepausen mit ihren Teammitgliedern möchte sie nicht verzichten, weil ihr das viel Nähe zu den Kolleginnen und Kollegen gibt und sie das als bewahrenswerten Teil ihres Führungsstils versteht. Mit der Nutzung ihres Smartphones ist sie allerdings gar nicht zufrieden. Sie nimmt sich vor, ihr Smartphone nur noch in der Mittagspause und nach 17 Uhr für private Aktivitäten zu nutzen. Insgesamt möchte sie die Zeit dafür halbieren. Auch mit dem Pressespiegel will sie sich nur noch ca. 10 Minuten am Tag beschäftigen und auch nur noch nach 17 Uhr. So spannend manche Beiträge sein mögen: mehr als 10 Minuten möchte sie dafür nicht aufwenden.◄

Michaela hat einige Ablenkungen entdeckt und sich überlegt, wie sie damit in Zukunft umgehen möchte. Vielleicht geht es Ihnen ähnlich. Sie entdecken Ablenkungen, denen Sie weiter bewusst einen Platz in Ihrem Tagesablauf einräumen möchten und andere Ablenkungen, die Sie zukünftig vermeiden wollen.

Doch welche Strategien helfen uns dabei, um ungewollten Ablenkungen zu widerstehen? In der Psychologie wird von Stimuluskontrolle gesprochen: „Stimuli sind hierbei als Reize zu verstehen, die zusätzlich zu den für die Aufgabenerledigung notwendigen Ressourcen den Ausführenden begegnen und sie potenziell bei der Aufgabenausführung behindern können." (Kleinmann & König, 2018, S. 84). Abb. 3.2 enthält Ansatzpunkte zur Stimuluskontrolle, die uns für die Praxis besonders relevant erscheinen. Auf einige Punkte gehen wir nachfolgend genauer ein.

Umgang mit digitalen Medien	Auswahl & Gestaltung des Arbeitsplatzes	Gestaltung von verschiedenen Arbeitsphasen
• Das Smartphone für konzentrierte Arbeitsphasen in den Schrank/in einen anderen Raum legen • Pop-up-Funktionen ausschalten • Das Telefon für konzentrierte Arbeitsphasen umstellen • Fest definierte Zeiten für die Bearbeitung von E-Mails einplanen	• Für konzentrierte Arbeitsphasen einen störungsarmen Arbeitsort nutzen • Alle erforderlichen Arbeitsmaterialien bereits am Vortag bereit legen • Alle irrelevanten Unterlagen vom Schreibtisch entfernen • Radionutzung kritisch reflektieren	• Feste Abstimmungstermine mit den Mitarbeitenden zur Behandlung gesammelter Punkte • Stille Stunde ohne Termine/ohne Störungen • Zeiten für privaten Austausch • Planungsphasen

Abb. 3.2 Ansatzpunkte zur Vermeidung von Ablenkungen

Digitale Medien sind ohne Frage in vielen Kontexten sehr hilfreich. Wir können uns sehr bequem per WhattsApp verabreden, können über Instagram und andere Plattformen Erlebnisse teilen, uns über LinkedIn etc. beruflich und privat vernetzen. Darin liegt jedoch auch viel Ablenkungspotenzial. Wenn Sie beispielsweise eine Stunde konzentriert an einer Aufgabe arbeiten möchten und währenddessen zwei Mal private Nachrichten checken, dann nimmt das kognitive Ressourcen in Anspruch. Unsere kognitiven Ressourcen sind begrenzt. Schöpfen wir sie durch Ablenkungen aus, fehlen Kapazitäten für anspruchsvolle Aufgaben: Sie brauchen länger und die Leistung leidet. Womöglich lösen die gelesenen Nachrichten auch Emotionen aus. Insbesondere negative Emotionen (z. B. Angst) können gerade bei Aufgaben, die Kreativität erfordern, zu Leistungseinbußen führen. Mehr Selbstkontrolle hilft! Legen Sie beispielsweise das Tablet oder Smartphone in einen Schrank oder, beispielsweise im Homeoffice, in einen anderen Raum. Ähnlich ungünstige Effekte kann es haben, wenn Sie kontinuierlich E-Mails lesen, sobald sie in Ihrem Posteingang eintreffen. Feste E-Mail-Zeiten können helfen. Das kann zum Beispiel bedeuten, dass nach einer Stunde konzentrierter Arbeit an einem Projekt oder im Anschluss an die Nachbereitung eines Meetings E-Mails gesammelt bearbeitet werden. Es geht darum, dass das Lesen und Bearbeiten von E-Mails oder die Nutzung anderer Kommunikationstools nicht als eine Art Grundrauschen unter alle anderen Aktivitäten gelegt wird.

Übersicht über Handlungsempfehlungen zum Umgang mit E-Mails

- Planen Sie an sinnvollen Stellen im Tagesablauf Phasen für die Bearbeitung von E-Mails ein. So können sich konzentrierte Arbeits- und Besprechungsphasen mit Zeiten für die E-Mailbearbeitung abwechseln.
- Nehmen Sie jede E-Mail möglichst nur einmal in die Hand und treffen Sie schnell eine Entscheidung:
  - Kann ich die E-Mail in weniger als fünf Minuten beantworten? Dann tun Sie das jetzt direkt.
  - Ist die E-Mail besser bei jemand anderem zu platzieren? Dann leiten Sie die E-Mail jetzt weiter.
  - Geht es darum, dass Sie etwas zur Kenntnis nehmen sollen? Dann lesen Sie die E-Mail und löschen/archivieren Sie sie unmittelbar.
  - Können Sie eine E-Mail nicht unmittelbar beantworten, weil Sie beispielsweise Rücksprachen halten müssen oder die Bearbeitung einen

längeren Zeitraum benötigen wird? Dann geben Sie eine kurze Rückmeldung, bis wann mit einer Antwort von Ihnen zu rechnen ist und planen Sie in Ihrem Kalender, wann Sie sich um das Thema kümmern werden.

- Aus unserer Sicht ist es ineffizient, wenn im Posteingang E-Mails angehäuft werden, die zu einem späteren Zeitpunkt bearbeitet werden sollen. Es besteht die Gefahr, dass E-Mails übersehen werden oder dass E-Mails immer wieder überflogen werden. Wir empfehlen den Posteingang am Abend möglichst geleert zu haben.

Viele Unternehmen ermöglichen heute eine flexible Wahl des Arbeitsortes in Abhängigkeit von den zu bearbeitenden Aufgaben. So haben Unternehmen beispielsweise Zonen für störungsfreies Arbeiten, für Besprechungen, zum Telefonieren, zum informellen Austausch etc. eingerichtet. Je nach Aufgabe kann der Arbeitsort gewechselt werden. Wenn es das bei Ihnen nicht gibt, so sind vielleicht einfache Varianten möglich. Ein Ansatz könnte sein, sich für konzentrierte Arbeitsphasen einen Besprechungsraum zu buchen oder ein Büro auszuwählen, das aktuell unbesetzt ist, falls die Spielregeln in Ihrer Organisation das ermöglichen. Je nach den Bedingungen zu Hause kann auch das Homeoffice eine gute Option sein, um ungestört an Telefon- und Videokonferenzen teilnehmen oder Aufgaben bearbeiten zu können, die viel Konzentration erfordern. Angenommen Sie arbeiten normalerweise in einem Büro mit drei weiteren Kolleginnen und Kollegen und haben bemerkt, dass Sie sich von den Kolleginnen und Kollegen leicht ablenken lassen, so kann die bewusste Wahl anderer Arbeitsorte ein wirksamer Beitrag zur Vermeidung ungewünschter Ablenkungen sein. Das heißt nun nicht, dass Sie sich immer in der Abstellkammer mit Ihrem Notebook verstecken sollten. Wir empfehlen eher die flexible Wahl jeweils passender Arbeitsorte. Wenn Sie bewusst den Kontakt mit Ihren Kolleginnen und Kollegen suchen wollen, dann kann es gerade sinnvoll sein, das gemeinsame Büro zu nutzen.

Wie schaffen wir es, dass uns unsere Arbeitsumgebung möglichst stark zur Arbeit einlädt? Wenn Sie beispielsweise planen am nächsten Vormittag gleich zu Beginn des Tages zwei Stunden an einem wichtigen Projekt zu arbeiten, dann versuchen Sie doch einmal möglichst gute Startbedingungen für Ihre konzentrierte Arbeitsphase zu schaffen. Das kann ganz konkret bedeuten, dass Sie alles

Ablenkende auf Ihrem Schreibtisch wegräumen und stattdessen alle erforderli-
chen Unterlagen bereitlegen, so dass Sie am nächsten Tag von Ihrem Schreibtisch
zur Arbeit am Projekt quasi eingeladen werden[1].

▶ **Tipp** Wer alles gleichzeitig macht, macht nichts richtig. Bauen Sie Ihre
Tage eher sequenziell auf. In Besprechungen mit Ihren Mitarbeitenden
können mehrere, gesammelte Punkte besprochen werden. In einer
stillen Stunde wird konzentriert an wichtigen Aufgaben gearbeitet. In
einer Planungsphase reflektieren Sie den Verlauf des aktuellen Tages
und planen die kommenden Tage.

Abschließend möchten wir noch auf einen wesentlichen Punkt zur Vermeidung
von Ablenkungen eingehen. Gerade Führungskräfte erreichen jeden Tag Anliegen
aus ihrem Team, aus anderen Bereichen des Unternehmens oder von außerhalb
der Organisation. „Können Sie bitte bei dem Thema mithelfen?", „Es wäre toll,
wenn Sie bei diesem Projekt noch mitmachen würden.", „Haben Sie einmal kurz
Zeit für mich?" Wer es allen recht machen möchte, wird es niemandem recht
machen können! Überlegen Sie sich jeweils gut, auf welche Bitten Sie eingehen
möchten und in welcher Form. Das kann auch bedeuten, dass Sie sich zunächst
eine kurze Bedenkzeit erbeten, um zu überlegen und sich gegebenenfalls mit
anderen dazu abzustimmen, wie Sie mit einem bestimmten Anliegen umgehen
möchten.

▶ **Tipp** Legen Sie sich einige Sätze zurecht, die sich für Sie in solchen
Situationen stimmig anfühlen:

- „Ich denke über dein Anliegen nach und werde mich morgen dazu
  melden."
- „Diesen Monat kann ich da leider nicht mitmachen, weil ich jede
  Minute für unser großes Projekt benötige. Ab nächsten Monat bin
  ich gerne mit dabei."
- „Wie schätzt du denn den Zeitaufwand ein? Ab wann soll es losge-
  hen? Wann soll alles fertig sein? Auf dieser Basis kann ich mir das
  dann gut überlegen."

---

[1] Dabei ist die Vertraulichkeit der Unterlagen und ein potentieller Zugriff durch andere Personen zu beachten.

- „Ich kann bei diesem Thema leider nicht mitmachen, weil ich dem Thema mit Blick auf meine anderen aktuellen Aufgaben nicht gerecht werden würde. Das möchte ich nicht."
- „Ich kann gerne 2 Stunden in der Woche für das Thema reservieren. Mehr ist aber leider nicht möglich, auch wenn ich das Thema sehr spannend finde."

3.3 Meetings effektiv und effizient gestalten

Meetings nehmen im Arbeitsalltag vieler Beschäftigter einen relevanten Teil der Arbeitszeit in Anspruch. Das gilt insbesondere für Führungskräfte. In Meetings wird viel wertvolle Arbeitszeit investiert. Umso wichtiger ist es erstens, dass lediglich sinnvolle Meetings angesetzt und zweitens, dass diese möglichst effektiv und effizient gestaltet werden. Meetings mit einem schlechten Verhältnis von Aufwand und Nutzen sollten konsequent optimiert oder weggelassen werden.

Beispiel: typische Schwachpunkte von Meetings

Michaela verbringt etwa 50 % ihrer Arbeitszeit in Besprechungen. Das können Besprechungen mit einzelnen Teammitgliedern sein und größere Runden. Bei den Einzelabstimmungen im Team bringen beide Seiten Themen ein, die dann Punkt für Punkt besprochen werden. Gemeinsam werden Ideen entwickelt, Entscheidungen getroffen und Informationen geteilt. Damit ist Michaela sehr zufrieden.

Bei Besprechungen mit mehreren Personen macht sie andere Erfahrungen, insbesondere, wenn mehrere Bereiche betroffen sind. So hat sie schon an Meetings teilgenommen, bei denen ihr vorher nicht klar war, um was es konkret gehen soll, wie sie sich vorbereiten kann oder sie konnte dann im Meeting nur wenig beitragen. Es ist auch schon vorgekommen, dass einzelne Personen Meetings mit langen Redebeiträgen dominieren, ohne substantielles einzubringen. Immer wieder hat sie den Eindruck, dass Aufwand und Nutzen bei einigen Meetings nicht gut passen. Das ärgert sie. Wenn in einer Runde mit sechs Kolleginnen und Kollegen 1,5 Stunden ergebnislos im Kreis herum diskutiert wird, dann wird insgesamt mehr als ein ganzer Arbeitstag verschwendet. Das möchte sie gerne verändern.◄

Möglicherweise haben Sie ähnliche Situationen wie Michaela bereits erlebt. Wir kennen kaum eine Führungskraft, die nicht von ineffizienten und ineffektiven Meetings zu berichten weiß. Dabei geht es in der Regel nicht um Einzelabstimmungen, sondern um Meetings mit mindestens drei, in der Regel mehr, Teilnehmenden. Auf diese Meetings fokussieren wir in diesem Abschnitt.

Gehen Sie am besten einmal Ihren Kalender durch. Wie viel Zeit verbringen Sie in größeren Meetings? Wie nehmen Sie jeweils die Effektivität und Effizienz wahr? Wie bewerten Sie jeweils den Nutzen in Relation zur investierten Zeit? Schauen Sie sich die einzelnen Meetings genauer an. Sie können sich dazu die folgenden Fragen hernehmen.

Fragen zur kritischen Reflexion von Meetings

- Wie viel Arbeitszeit wurde (in etwa) inklusive der Vorbereitung insgesamt eingebracht?
- Was ist bei dem Meeting konkret herausgekommen?
- Wie gut passt das Verhältnis aus den erzielten Ergebnissen und dem Zeiteinsatz der beteiligten Personen?
- Hätte womöglich ein kleinerer Kreis die gleichen Ergebnisse erbringen können?
- Was konnten die Teilnehmenden jeweils beitragen?
- Wie war die Qualität der Vorbereitung, Durchführung und Nachbereitung des Meetings?

Sicher lassen sich ganze Bücher über die Gestaltung von Meetings schreiben. Um Ihre und unsere Zeit zu schonen, gehen wir kompakt auf vier verschiedene Aspekte ein, die für die Effektivität und Effizienz von Meetings elementar sind. Wir beginnen mit der bewussten Entscheidung für oder gegen ein Meeting und beschäftigen uns dann mit der Vorbereitung, Durchführung und Nachbereitung.

Sich bewusst für oder gegen ein Meeting entscheiden

Dieser Punkt mag trivial erscheinen, ist aus der Zeitmanagementperspektive allerdings besonders relevant. Ist es sinnvoll, dass ein bestimmtes Meeting überhaupt stattfindet? Gibt es dafür eine hinreichende Begründung?

Ist es sinnvoll, dass ich als Führungskraft an einem bestimmten Meeting teilnehme? Führungskräfte werden in der Regel zu vielen Meetings eingeladen. Nicht immer können sie mit ihrer Teilnahme einen Mehrwert stiften. Wenn Sie das bei sich wahrnehmen, dann liegt darin ein wichtiger Stellhebel, um Ihren Zeiteinsatz zu verbessern.

Fragen zur Reflexion, ob eine Teilnahme an einem Meeting sinnvoll ist

- Weshalb werde ich zu dem Meeting eingeladen? Ist für mich klar, was ich dort soll?
- Wäre es womöglich sinnvoller, dass jemand aus meinem Verantwortungsbereich teilnimmt, weil bestimmte Teammitglieder viel mehr mit dem Thema zu tun haben als ich?
- Welchen konkreten Mehrwert kann ich stiften, wenn ich teilnehme? Rechtfertigt dieser Mehrwert die veranschlagte Zeit?
- Was erwarte ich mir vom Meeting?

Fragen Sie im Zweifel nach, warum Sie eingeladen wurden, was Sie beitragen oder wie Sie sich vorbereiten können. Wir erleben in der Praxis, dass dies zu selten geschieht. Geht es um reine Informationsweitergabe bei einfachen Sachverhalten können diese womöglich auch per E-Mail vermittelt werden und das Meeting kann entfallen.

▷ **Tipp** Gehen Sie niemals in ein Meeting nach dem Motto: „Ich lasse mich mal überraschen, was da auf mich zu kommt. Ich bin mal gespannt, um was es geht." Diese Einstellung mag passend sein, wenn wir ins Kino gehen, für die Teilnahme an Meetings passt sie nicht.

Kein Meeting ohne Vorbereitung

Der oder die Einladende trägt die Verantwortung für eine gute Vorbereitung des Meetings. Das beinhaltet auch, die anderen Meeting-Teilnehmenden um eine entsprechende Vorbereitung zu bitten. Die Agenda und relevante Unterlagen sollten vorab zur Verfügung gestellt werden, damit sich alle Teilnehmenden vorbereiten können. Nachfolgend geben wir einen Überblick über wichtige Aspekte der Vorbereitung.

Übersicht zur Vorbereitung von Meetings

- Die Ziele des Meetings definieren: Was ist der Zweck des Meetings? Was soll erreicht werden?
  - Sollen Informationen weitergegeben werden mit der Möglichkeit Fragen zu klären?

- – Sollen Themen diskutiert und Entscheidungen getroffen werden?
- – Sollen gemeinsam Ideen entwickelt/etwas zusammen erarbeitet werden? Was soll dann damit gemacht werden?
- Aus den Zielen für das Meeting ergibt sich die Agenda: Wie soll das Meeting aufgebaut werden?
  - – Welche Inhalte sollen behandelt werden? Wie soll das geschehen?
  - – Welcher Ablauf ist sinnvoll?
  - – Wie ist der Zeitbedarf (insgesamt und für einzelne Agendapunkte)?
- Aus der Agenda ergibt sich der Teilnehmerkreis: Wer wird für die Inhalte benötigt?
- Aus der Agenda ergeben sich die to do's für die weitere Vorbereitung: Was muss noch vorbereitet werden?
  - – Was muss vorab geklärt werden (z. B. Budgetrahmen, Personalkapazitäten)?
  - – Welche Unterlagen werden benötigt (z. B. Auswertungen zu bestimmten Kennzahlen)?

Die stringente Anwendung dieser vier Schritte soll insbesondere sicherstellen, dass die richtigen Personen am Tisch sitzen, dass die notwendigen Unterlagen vorbereitet sind und fokussiert an den relevanten Punkten gearbeitet werden kann. Unter Zeitmanagementgesichtspunkten ist es fatal, wenn Kolleginnen und Kollegen teilnehmen, die eigentlich nicht benötigt werden oder wenn Unterlagen vorbereitet werden, die für das Meeting nicht relevant sind. Weshalb möchte ich bestimmte Personen beim Meeting dabeihaben? Was ist an Vorbereitung wirklich notwendig? Diese Fragen sollten sich insbesondere höhere Führungskräfte stellen. Es ist für die Betroffenen nicht nur zeitraubend, sondern auch frustrierend, wenn sie Kennzahlen auswerten und Präsentationen erstellen, die dann nicht benötigt werden, beziehungsweise mit denen dann nicht gearbeitet wird (z. B. um davon ausgehend konkrete Entscheidungen zu treffen).

▷ **Tipp** Gehen Sie bei der Vorbereitung von Meetings möglichst sorgsam mit der Arbeitszeit Ihrer Mitarbeitenden um. Warum wollen Sie beispielsweise eine bestimmte Auswertung? Brauchen Sie diese als Entscheidungsgrundlage oder finden Sie die Zahlen lediglich interessant? Im zweiten Fall sollten Sie auf die Auswertungen verzichten.

Kein Meeting ohne Moderation

Wer führt durch das Meeting? Diese Frage muss geklärt sein. Das kann je nach Meeting ein Projektleiter, eine Führungskraft, ein Experte, ein anderer interner oder externer Moderator sein. Wichtig ist, dass es jemanden gibt, der die Verantwortung für den Prozess - also für einen effizienten Ablauf des Meetings - übernimmt. Der Moderator ist nicht für die Ergebnisse verantwortlich, aber er ist dafür verantwortlich, dass es zu Ergebnissen kommt. Abb. 3.3 zeigt wichtige Aufgaben des Moderators.

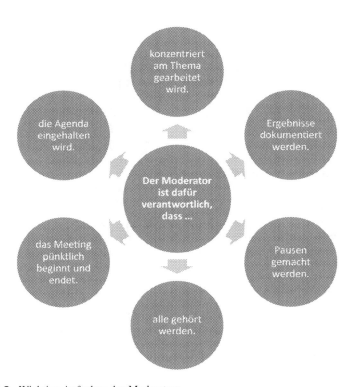

Abb. 3.3 Wichtige Aufgaben des Moderators

▷ **Tipp** Wenn Sie als Moderator fungieren, dann achten Sie auf einen pünktlichen Beginn des Meetings. Mehr als ein oder zwei Minuten sollte nicht auf zu spät eintreffende Teilnehmende gewartet werden, um nicht die Zeit der pünktlichen Kolleginnen und Kollegen zu verschwenden.

Es kann in Meetings einen weiteren wichtigen Problembereich geben (vgl. Kleinmann & König, 2018; Odermatt et al., 2013), nämlich unangemessenes Verhalten von Teilnehmenden: andere unterbrechen/nicht zu Wort kommen lassen, abwertende Formulierungen, ausschweifende Redebeiträge, passives Verhalten etc. Wer als Moderator von Meetings solche Situationen immer wieder erlebt, kann sich einige Formulierungen zurechtlegen. In Tab. 3.1 geben wir Empfehlungen, um einfach und deeskalierend negative Effekte des unangemessenen Verhaltens zu reduzieren.

Zur Beurteilung der Qualität von Meetings bei der Arbeit kann der *Zurich Meeting Questionnaire* (ZMQ) herangezogen werden (Odermatt et al., 2016). Wenn Sie die Verantwortung für ein Meeting tragen, dann fragen Sie die Teilnehmenden im Anschluss, als wie effizient und effektiv sie die Besprechung wahrgenommen haben und was bei zukünftigen Meetings verbessert werden könnte. Zudem kann es sinnvoll sein, Trainings zur effektiven und effizienten Gestaltung von Meetings anzubieten oder Meeting-Regeln in Besprechungsräumen gut sichtbar zur Verfügung zu stellen.

Kein Meeting ohne Nachbereitung

Möglichst direkt nach dem Meeting sollte das Protokoll an alle Teilnehmenden gehen. Besonders effizient ist es, wenn die Ergebnisse direkt während des Meetings digital festgehalten und an die Teilnehmenden unmittelbar am Ende des Meetings gemailt werden. Oft kann das formlos geschehen, z. B. auch in einer E-Mail. Wichtig ist, dass klar hervorgeht, was entschieden wurde und wer sich bis wann um welche Punkte kümmert.

▷ **Tipp** Achten Sie darauf, dass nicht zu viel Aufwand in die Erstellung von möglichst perfekten Protokollen gesteckt wird. Oft ist es wichtiger, dass nach dem Meeting zügig weiter an den Themen gearbeitet werden kann, als die sprachliche oder grammatikalische Qualität des Protokolls zu perfektionieren. Mit dem Protokoll soll weitergearbeitet und kein Literaturpreis gewonnen werden.

Tab. 3.1 Reaktionen auf unangemessenes Verhalten in Meetings

Unangemessenes Verhalten	Formulierungsvorschläge für den Moderator
Andere unterbrechen/nicht zu Wort kommen lassen	„Peter wollte zu diesem Thema auch etwas sagen. Bitte Peter, was sind deine Gedanken dazu?" „Martina, ich muss dich an dieser Stelle bremsen. Peter hatte sich vorher zu Wort gemeldet. Bitte Peter!"
Abwertende Formulierungen	„Das bringt uns bei der Lösung unseres Problems nicht weiter. Lasst uns bitte jetzt wieder zum Thema zurückkommen." „Ich kann verstehen, dass das ein emotionales Thema ist. Allerdings lege ich Wert darauf, dass wir das sachlich und lösungsorientiert besprechen."
Ausschweifende/irrelevante Redebeiträge	„Mit Blick auf unseren Zeitplan, muss ich dich bitten, zum Ende zu kommen." „Wir könnten uns sicher noch über viele Themen unterhalten, haben aber noch sehr wichtige Punkte auf unserer Agenda. Lasst uns da jetzt weitermachen." „Ich habe mir deinen Punkt notiert, den können wir heute im Meeting nicht klären. Lass uns beide am Ende kurz sprechen, wie wir damit umgehen."
Passives Verhalten von Teilnehmenden	„Simon, was ist aus deiner Sicht bei diesem Thema noch wichtig?" „Susanne, da seid ihr als Abteilung direkt betroffen. Was sollten wir aus deiner Sicht noch bedenken?"

Mit dem Versenden des Protokolls ist die Nachbereitung nicht zu Ende. Die zentrale Frage ist, wie sichergestellt wird, dass getroffene Vereinbarungen auch umgesetzt werden. Wie wird das weitere Monitoring gestaltet? Das kann bedeuten, dass es einen Nachfolgetermin gibt, bei dem die Umsetzung der besprochenen Punkte reflektiert wird oder dass eine bestimmte Person oder ein bestimmtes Gremium die Umsetzung zu einem definierten Zeitpunkt überprüft.

▷ **Tipp** Bereiten Sie jedes Meeting, an dem Sie teilnehmen, möglichst am gleichen Tag nach: Wen müssen Sie über etwas informieren? Wann und wie machen Sie das? Was müssen Sie weiter klären, bearbeiten, entscheiden etc. Verankern Sie Punkte, die Sie nicht sofort erledigen, in Ihrem Kalender. Machen Sie sich niemals (!) Notizen auf irgendwelche Blöcke, die Sie auf einen Stapel auf Ihrem Schreibtisch legen, um sich irgendwann darum zu kümmern. Sie werden sich niemals (!) darum kümmern.

Jedes Meeting ist nur so gut, wie die Nachbereitung. Das effizienteste Meeting ist Null effektiv, wenn vereinbarte Punkte dann nicht umgesetzt werden. Ob ein Meeting gut war, zeigt sich an seinen Auswirkungen.

Tappen Sie nicht in die Falle ein Meeting allein deshalb für gut zu halten, weil Sie ein schönes Beisammensein hatten mit netten Kolleginnen und Kollegen. Auch wenn die Befriedigung sozialer Bedürfnisse ein relevantes und zu würdigendes Bedürfnis aller Beschäftigten bei ihrer Arbeit ist, sollten mit Meetings Ziele verfolgt werden, die über ein gutes Lagerfeuergefühl hinausgehen. Auch das ist wichtig und hat seine Bedeutung – durch eine effektive und effiziente Gestaltung von Meetings ist mehr möglich.

Erledigen statt Aufschieben: Was tun gegen Prokrastination?

Gehören Sie zu den Menschen, die Geburtstagsgeschenke oft auf den letzten Drücker besorgen, obwohl Sie wissen, dass bald der Geburtstag eines lieben Menschen ansteht? Ist es schon einmal vorgekommen, dass Sie Ihr Finanzamt an die Abgabe Ihrer Steuererklärung erinnert hat, weil Sie den Abgabetermin verpasst haben? Wollten Sie schon immer einmal Spanisch lernen und haben den Einstieg nie geschafft? Wenn Sie mindestens eine der Fragen mit *Ja* beantworten können, dann haben Sie bereits Erfahrungen mit Prokrastination gesammelt. Es wird wahrscheinlich niemanden geben, der dazu keine Geschichten erzählen kann.

In diesem Kapitel beschreiben wir zunächst, was Prokrastination ist, welche Ursachen Prokrastination hat und was dagegen getan werden kann.

Was ist Prokrastination?

„Unter Prokrastination wird das freiwillige Aufschieben von eigentlich intendierten Handlungen verstanden, obwohl den Handelnden bewusst ist, dass das Aufschieben wahrscheinlich zu einer Verschlechterung der Situation führt (z. B. Steel, 2007)." (Häfner, 2021, S. 7). Sie wissen, dass Sie eigentlich mit der Arbeit an einem wichtigen Projekt beginnen müssten. Ihnen ist die Wichtigkeit bewusst. Sie wollen auch daran arbeiten. Aber es gelingt Ihnen nicht. Immer kommt etwas dazwischen. Womöglich kennen Sie dieses Phänomen noch aus Ihrer Ausbildung oder Ihrem Studium: Wochenlang wird für eine terminierte Prüfung nichts gelernt und wenige Tage vor der Prüfung geht es dann richtig rund. Dann steigt der Kaffeekonsum und die Nacht wird zum Tag gemacht. Es findet eine Art *Lerneskalation* statt. Was über mehrere Wochen hinweg versäumt wurde, wird dann innerhalb weniger Tage mehr schlecht als recht aufgeholt.

Langfristig ist es weniger günstig dieses Verhaltensmuster im Arbeitsleben beizubehalten. Stehen immer wieder solche Zieltermine an und kommt es vor diesen zur *Arbeitseskalation,* dann sind negative Effekte auf das soziale Umfeld und auf die

A. Häfner und S. Hofmann, *Zeitmanagement für Führungskräfte,* essentials, https://doi.org/10.1007/978-3-662-65124-7_4

eigene Gesundheit wahrscheinlich. Es fühlt sich einfach nicht gut an, von anderen immer wieder an eine ausstehende Aufgabe erinnert zu werden oder sich selbst am Abend zu denken: „Mist, jetzt habe ich wieder nichts für unser Projekt gemacht. Ich müsste unbedingt mal …"

Welche Ursachen hat Prokrastination?
Liegt das Aufschieben daran, dass wir etwas nicht tun wollen? Das mag hin und wieder der Fall sein. Sicherlich gibt es Aufgaben, die wir weniger mögen und die sich deshalb besonders gut zum Aufschieben anbieten. Das reicht aber als Erklärung nicht aus.

Prokrastination wird als ein Problem der Selbstregulation verstanden. Es fehlen den Betroffenen die passenden Strategien, um ihre Handlungen effektiv und effizient zu organisieren (Howell & Watson, 2006).

Wir haben bereits beschrieben, dass wir den Nutzen von Aufgaben, der erst langfristig entsteht, stark abwerten (diskontieren). Andere Aufgaben und auch Ablenkungen, die kurzfristig einen kleinen Nutzen bieten, gewinnen dann das Rennen um unsere Aufmerksamkeit (vgl. Abschn. 2.1).

Zudem ist es nur menschlich, dass wir uns mehr Aufgaben auf den Tisch packen, als wir eigentlich schaffen können. Es ist ein gut untersuchtes Phänomen, dass wir den zeitlichen Aufwand für Aufgaben unterschätzen (vgl. Abschn. 3.1). In der Folge ist es wahrscheinlich, dass wir uns zu viel vornehmen und dann einige Aufgaben, insbesondere langfristige, auf der Strecke bleiben.

Wir haben bereits dargestellt, dass Führungskräfte in ihrem Alltag häufig Störungen von außen erleben und für Aufgaben eng gesteckte Zieltermine haben (vgl. Abschn. 2.1). Diese Rahmenbedingungen dürften das Aufschieben von Aufgaben gerade bei Führungskräften noch begünstigen.

Fazit: Es gibt mehrere gute Erklärungen für das Aufschieben von Aufgaben. Es ist sicherlich nicht hilfreich, wenn wir uns selbst unterstellen, wir müssten einfach nur mehr *wollen*, dann ginge es schon. Selbst wenn wir von allen unseren Aufgaben extrem begeistert wären, müssten wir mit Prokrastination rechnen.

> ▶ **Tipp** Wenn Sie merken, dass Sie sich für die Arbeit an mehreren Ihrer Aufgaben quasi überwinden müssen, dass Vieles bei Ihrer Arbeit Sie nicht interessiert und Aufgaben womöglich sogar starke negative Emotionen wie Angst oder Ärger hervorrufen, dann kann das die zentrale Ursache für das Aufschieben von Aufgaben sein. In diesen Fällen erscheint uns Zeitmanagement nicht der richtige Ansatz zu sein. Es geht dann darum, Ihre Arbeitsaufgaben so zu verändern, dass Sie zu

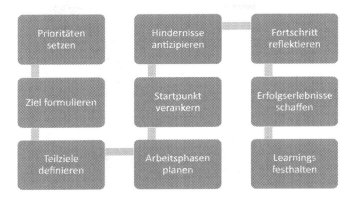

Abb. 4.1 Ansatzpunkte, um eine langfristige Aufgabe zu erledigen, anstatt aufzuschieben. (In Anlehnung an Häfner, 2012, S. 59/60)

Ihren impliziten Motiven und Interessen passen. Ein Coach kann dabei ein wertvoller Entwicklungshelfer sein.

Welche Strategien helfen?
Aus unserer Sicht geht es ganz wesentlich darum, die eigene Handlungssteuerung zu verbessern. Abb. 4.1 zeigt neun verschiedene Schritte, die uns dafür hilfreich erscheinen. Hintergründe zu den psychologischen Wirkmechanismen finden sich bei Häfner et al. (2015b).

Prioritäten setzen
Im ersten Schritt ist es wichtig, dass wir uns nicht zu viel vornehmen. Wenn wir uns zu viel vornehmen, dann konkurrieren zu viele Aufgaben um unsere knappe Zeit. Im Ergebnis erhöhen wir damit die Wahrscheinlichkeit Aufgaben aufschieben zu müssen. Gerade Führungskräfte haben schier unbegrenzte Möglichkeiten sich mit den unterschiedlichsten Aufgaben zu beschäftigen. Ohne das Setzen von Prioritäten wird es nicht gehen. Es hat nichts mit Priorisierung zu tun, wenn alles gleich wichtig ist.

▶ **Tipp** Gerade bei Aufgaben mit langfristigen Zielterminen und viel Arbeitsaufwand, sollten Sie sich sehr bewusst dafür oder dagegen entscheiden. Welcher Nutzen entsteht durch die Aufgabe? Möchte ich das wirklich anpacken? Was brauche ich dafür, um das gut schaffen zu können? Für zeitintensive Aufgaben sollten Sie eine richtig gute Begründung haben, von der Sie wirklich überzeugt sind. Was ist mit Blick auf Ihre berufliche Rolle wirklich wichtig? Von welchen Zielen möchten Sie sich ganz bewusst lösen? Stellen Sie sich vor, Sie erklären Ihrer Oma Ihre Prioritäten. Wäre sie von Ihren Argumenten überzeugt? Nicht alles, was wichtig klingt, ist auch wichtig!

Manche Aufgaben sind besser bei anderen Teammitgliedern aufgehoben oder womöglich bei Kolleginnen und Kollegen in einem anderen Bereich. Einige Themen sind womöglich weniger wichtig und können mit geringem Qualitätsanspruch bearbeitet oder womöglich sogar weggelassen werden. Aufgaben, die viel Zeit benötigen, lassen sich mit Unterstützung leichter bewältigen.

Ziel formulieren

Wer sich herausfordernde und konkrete Ziele setzt, lenkt seine Aufmerksamkeit auf die Arbeit an diesen Zielen, wird mehr Anstrengung und Ausdauer an den Tag legen, passende Strategien entwickeln und auch Selbstvertrauen entwickelnprofitieren (Wegge & von Rosenstiel, 2004).

Setzen Sie sich für wichtige Projekte, Aufgaben, Themen etc. herausfordernde und konkrete Ziele. Das erhöht die Wahrscheinlichkeit, dass Sie daran arbeiten werden. „Ich möchte mich in den kommenden Wochen mit dem Projekt Kundenclusterung beschäftigen.", „Ich will die Gewinnung von Neukunden in meinem Team forcieren", „Ich werde mich mit der Einführung der neuen Software beschäftigen.", „Ich möchte mehr Sport treiben." Das sind alles gute Vorsätze, die kaum einen Einfluss auf Ihr Verhalten im Alltag haben werden. Machen Sie konkrete und herausfordernde Ziele daraus!

Fragen zur Formulierung wirksamer Ziele

- Was soll konkret erreicht werden? Was ist das angestrebte Ergebnis/Produkt?
- Wer soll von den Ergebnissen profitieren? Was braucht die Zielgruppe von mir? Was bedeutet das für mein Ziel?
- Wie kann ich messen, wie weit ich bin und ob ich mein Ziel erreicht habe?
- Welche Ressourcen benötige ich dafür und welche Zeitspanne ist realistisch?

Auf der Basis dieser Überlegungen können Sie beispielsweise für ein langfristig wichtiges Projekt Ihr Ziel definieren. Es muss deutlich werden, was Sie konkret bis zu welchem Zeitpunkt erreichen möchten.

Beispiel: sich konkrete und herausfordernde Ziele setzen

Michaela möchte gerne die Verhandlungskompetenz bei ihren Teammitgliedern fördern. Deshalb setzt sie sich das Ziel, dass sie innerhalb der kommenden drei Monate alle Mitarbeitenden in ihrem Team bei einer Verhandlung mit Lieferanten begleitet, um auf dieser Basis mit allen ein Entwicklungsgespräch zu führen. Im Entwicklungsgespräch möchte sie reflektieren, wie sich ihre Mitarbeitenden noch verbessern können, was sie an Unterstützung durch andere oder Training benötigen, durch welche Aufgaben sie sich weiter entwickeln können etc.◄

Teilziele definieren

Für die Vermeidung von Prokrastination ist das nun ein ganz wesentlicher Schritt. Langfristige Ziele müssen durch Teilziele quasi in die Gegenwart geholt werden. Es reicht nicht aus zu definieren, was Sie in einem Jahr erreicht haben möchten. Zerlegen Sie langfristige Aufgaben in kleinere Pakete und definieren Sie entsprechende Teilziele. So entsteht eine Strategie zur Erreichung Ihres Ziels.

Beispiel: Teilziele aus einem langfristigen Ziel ableiten

Michaela entwickelt nun einen konkreten Fahrplan für das weitere Vorgehen. Innerhalb der kommenden Woche wird sie mit allen Teammitgliedern über ihr Vorhaben sprechen und mit allen einen Lieferantentermin vereinbaren. Diese sollen dann innerhalb von sechs Wochen stattfinden. Die Entwicklungsgespräche möchte sie dann immer unmittelbar nach den Lieferantenterminen führen. Jeweils etwa vier Wochen nach den Lieferantenterminen möchte sie mit jedem Teammitglied reflektieren, was bereits angegangen wurde und welche weiteren Schritte sinnvoll sind.◄

Arbeitsphasen planen

Wann konkret möchten Sie an Ihrer langfristig wichtigen Aufgabe arbeiten? Gerade Aufgaben, die einen Zieltermin in der ferneren Zukunft haben, müssen im Kalender fest eingeplant werden. Nehmen wir beispielsweise an, dass Sie in einem Projektteam mitarbeiten, das das Projekt in neun Monaten abgeschlossen haben soll. Sie selbst haben drei Aufgabenpakete übernommen, die Sie bis zum nächsten Projektmeeting in vier Wochen bearbeiten müssen. Planen Sie feste Zeitfenster in Ihrem Kalender ein, um die Bearbeitung der drei Aufgabenpakete nicht aufzuschieben.

> **Tipp** Oft unterschätzen wir, was wir durch Stetigkeit erreichen können. Wenn Sie jeden Tag eine halbe Stunde konzentriert an einem Projekt arbeiten, werden Sie am Ende des Monats überrascht sein, was Sie alles geschafft haben. Schneiden Sie die Elefanten in dünne Scheiben!

Wenn Sie beispielsweise als Vertriebsleiter Ihre Mitarbeitenden regelmäßig bei Kundenbesuchen begleiten möchten, dann planen Sie dafür jede Woche fest einen Tag ein. Wenn Sie sich mit einer neuen Software vertraut machen wollen, dann planen Sie über einen Zeitraum von zwei Wochen jeden Tag eine halbe Stunde ein. Wenn Sie Ihre Englischkenntnisse verbessern wollen, dann investieren Sie lediglich jeden zweiten Tag 20 Minuten. Sie werden erstaunt sein, welche Fortschritte Sie nach einem halben Jahr erzielt haben werden.

Startpunkt verankern

Manchen fällt der Einstieg in die Aufgabenbearbeitung schwer: Wie soll ich anfangen? Womöglich besteht Unsicherheit, wie die Arbeit am Projekt klappen wird. Vielleicht gibt es auch Sorgen, mit der Aufgabe überfordert zu sein. Gerade wenn wir mit etwas Neuem beginnen wollen, kann es Zweifel geben. Der Einstieg erscheint eher unangenehm und läuft Gefahr vermieden zu werden. Beste Voraussetzungen für Prokrastination.

Gehen wir davon aus, Sie möchten nun endlich mit der Arbeit an einem wichtigen Projekt beginnen. Morgen weißt Ihr Kalender noch einige freie Zeiträume auf. Sie sind fest entschlossen morgen anzufangen. Wie können Sie sich selbst den Start erleichtern?

Übersicht über mögliche Ansatzpunkte, um den Einstieg in eine Aufgabe zu erleichtern

- Nehmen Sie sich ganz konkret vor, wann und in welchem Kontext Sie die Aufgabe bearbeiten werden: „Wenn ich morgen um 13:30 Uhr aus der Kantine wieder an meinen Arbeitsplatz komme, dann fange ich direkt mit einem Brainstorming für meine Aufgabe an, um die ersten Ideen für das Projekt zu Papier zu bringen."

- Stellen Sie bereits vor dem Mittagessen sicher, dass Sie alle notwendigen Unterlagen griffbereit haben.
- Stellen Sie für die Zeit der geplanten Arbeitsphase Ihr Telefon auf einen Kollegen um und schießen Sie Ihre Türe, um Unterbrechungen zu vermeiden.
- Nehmen Sie sich für den Anfang eher eine kürzere Zeitspanne vor, zum Beispiel eine halbe Stunde.
- Stellen Sie sich vor, wie Sie um 13:30 Uhr an Ihrem Schreibtisch sitzen und was Sie als erstes tun werden.
- Verabreden Sie sich für den späteren Nachmittag mit einem Teammitglied und kündigen Sie an, dass Sie sich kurz zu Ihren ersten Arbeitsschritten beim neuen Projekt austauschen möchten.
- Gönnen Sie sich eine kleine Belohnung, wenn Sie den Einstieg geschafft haben (z. B. eine Tasse Ihres Lieblingstees).

Hindernisse antizipieren

Wenn wir die Arbeit an einer längerfristigen Aufgabe planen, dann sollten wir keine Schönwetterplanung machen, sondern bereits im Vorfeld überlegen, welche Hindernisse auftreten können und wie wir dann mit diesen Hindernissen umgehen wollen. Wenn wir uns auf mögliche Hindernisse vorbereitet haben, dann werden wir in kritischen Situationen eher weniger Stress erleben und haben Strategien parat, die wir direkt nutzen können.

Beispiel: Hindernisse antizipieren und Gegenmaßnahmen umsetzen

Michaela möchte nun jeden Mittwoch zwischen 17:00 und 17:30 Uhr Englisch lernen, um noch mehr Sicherheit in anspruchsvollen Verhandlungssituationen mit internationalen Lieferanten zu erreichen. Der Termin steht fest in ihrem Kalender. Allerdings weiß sie, dass ihre Chefin oder auch andere Kolleginnen und Kollegen gerne am Abend nochmal bei ihr für einen Smalltalk vorbeikommen. Diese Unterbrechung möchte sie unbedingt vermeiden. Deshalb kauft sie sich sehr große Kopfhörer, die stark auffallen. Darüber hinaus legt Sie sich einen Satz zurecht: „Ich mache gerade meinen Englischkurs. Um 17:30 Uhr können wir gerne nochmal sprechen." Sie stellt sich die Situation konkret vor und wie sie den Satz zu ihrer Chefin oder Kolleginnen und Kollegen sagt, falls diese sie trotz Kopfhörer unterbrechen sollten.◄

Fortschritt reflektieren

Wenn Sie beispielsweise an einem Projekt über einen längeren Zeitraum immer wieder arbeiten, dann sollten Sie Ihren Arbeitsfortschritt dokumentieren. Das kann sehr einfach mit einem Excelsheet geschehen, in dem Sie eintragen, wann und wie lange Sie an Ihrem Projekt gearbeitet haben, was Sie konkret gearbeitet haben und welche Schritte als nächstes anstehen. So können Sie sich über Ihre Fortschritte freuen, merken schnell, wenn Sie nicht mehr im Zeitplan liegen und sammeln wertvolle Daten über Ihre Arbeitsweise. So können Sie einiges über sich selbst lernen: Wie gut bin ich schon darin, Aufgaben anzupacken und nicht aufzuschieben? Wie lange benötige ich für ein bestimmtes Projekt? In welchen Zeiträumen habe ich nicht an meinem Projekt gearbeitet und weshalb?

Erfolgserlebnisse schaffen

Wir alle freuen uns darüber, wenn wir merken, dass wir etwas geschafft haben. Wir alle wollen unseren Selbstwert schützen und ausbauen. Berufliche Erfolgserlebnisse sind ein wichtiger Booster für unseren Selbstwert. Wenn wir nun über viele Monate hinweg auf diesen fernen Zieltermin hinarbeiten und erst dann die Früchte unserer Arbeit sehen, ist das eine ganz schön lange Durststrecke. Bauen Sie unbedingt Chancen auf frühe Erfolgserlebnisse ein.

Fragen zur Gestaltung von Erfolgserlebnissen

- Gibt es regelmäßige Meetings, in denen Fortschritte besprochen und gegenseitig gewürdigt werden? Wenn „nein", führen Sie das bei den langfristigen Projekten/Aufgaben ein, an denen Sie beteiligt sind.
- Mit wem können Sie sonst Ihre Arbeitsfortschritte teilen, um Feedback zu bekommen (z. B. mit Ihrer eigenen Führungskraft, mit anderen Führungskräften)?
- Gibt es auf dem Weg zum langfristigen Ziel vorläufige Versionen, die Sie bereits mit Ihrer Zielgruppe testen und Feedback von den späteren Nutzern bekommen können (z. B. bei der Entwicklung einer neuen Software)?
- Können Sie Meilensteine als wichtige Wegmarken definieren, bei denen Sie sich etwas Besonderes gönnen (z. B. ein gemeinsames Essen mit den Projektbeteiligten)?

Wenn Sie ein wichtiges Teilziel geschafft haben, dann genießen Sie diesen Erfolg. Belohnen Sie sich beispielsweise mit einer Aufgabe, die Sie sehr gerne machen oder mit einem Kaffee und einem Gespräch mit lieben Kolleginnen und Kollegen.

Learnings festhalten
Nicht nur bei der Arbeit an langfristig bedeutsamen Aufgaben, sondern generell bietet Ihnen systematisches Zeitmanagement die Chance viel über Ihre Arbeitsweise zu lernen. Machen Sie für sich nach dem Abschluss eines Projektes eine persönliche Retrospektive und nehmen Sie sich am besten täglich einige Minuten Zeit, um am Abend Ihr persönliches Zeitmanagement des Tages zu reflektieren. Halten Sie Ihre *Learnings* schriftlich fest. Hierfür können Sie nun wieder Ihr Zeittagebuch nutzen.

Fragen zur Selbstreflexion des persönlichen Zeitmanagements

- Wie lange habe ich tatsächlich für bestimmte Aufgaben/Projekte benötigt? Was lerne ich daraus für zukünftige, ähnliche Aufgaben/Projekte?
- Welche Hindernisse sind aufgekommen und wie bin ich damit umgegangen? Wie möchte ich beim nächsten Mal reagieren?
- Wie stark passen Planung und Praxis bei mir zusammen? Wie kommt es zu Diskrepanzen? Was lerne ich daraus?
- Was ist mir heute mit Blick auf mein Zeitmanagement richtig gut gelungen (z. B. ein besonders effektives und effizientes Meeting)? Worauf kann ich stolz sein?

Mit den hier beschriebenen Zeitmanagementstrategien können Sie eine gute Grundlage für den Umgang mit Ihrer Zeit schaffen. Das ist jedoch erst der Anfang. Zeitmanagement verstehen wir als einen langfristigen Lernprozess.

Sie werden immer besser bewerten können, ob die Mitarbeit an einem weiteren Projekt noch gut zu Ihren Kapazitäten passt, welche Ablenkungen für Sie besonders gefährlich sind und wie Sie diese umschiffen können, wenn Sie das möchten. Sie gewinnen mehr Klarheit zu Ihren Prioritäten. Sie können sich selbst beim Start in die Bearbeitung langfristiger Aufgaben unterstützen. Durch tägliche Selbstreflexion können Sie Ihr persönliches Zeitmanagement Stück für Stück verbessern und sich immer mehr darüber freuen, was Ihnen alles gut gelingt.

Unterstützung aus dem Team: Wie können mich meine Teammitglieder entlasten?

Für das Gelingen des eigenen Zeitmanagements als Führungskraft spielt die Zusammenarbeit mit den Teammitgliedern eine wichtige Rolle. *Delegation* ist das zentrale Schlagwort. Hierzu möchten wir in diesem Kapitel einige Anregungen geben.

Viele Führungskräfte, die in ihre erste Führungsrolle hineinwachsen, beschreiben es als besondere Herausforderung Aufgaben an ihre Teammitglieder zu delegieren. Aus der Forschungsperspektive ist eine wichtige Ursache, dass das Delegieren von Aufgaben zunächst Zeit in Anspruch nimmt und der Nutzen erst mit zeitlicher Verzögerung entsteht (vgl. Abschn. 2.1). So muss die Aufgabe übergeben werden, es muss über das zu erreichende Ziel gesprochen werden, über Rahmenbedingungen etc. Der Nutzen entsteht erst später, wenn die Mitarbeitenden die übertragenen Aufgaben eigenverantwortlich bewältigen können. Vor diesem Hintergrund ist es nur verständlich, wenn Führungskräfte sagen: „Dann mache ich das lieber selbst, bevor ich da lange was erklären muss." In der Praxis begegnen uns weitere Gründe, die Führungskräfte benennen:

- Eine Aufgabe macht der Führungskraft richtig viel Spaß und sie kann sich nur schwer davon trennen.
- Die Führungskraft hat Sorge, dass die Qualität darunter leidet, wenn sie etwas nicht selbst umsetzt.
- Die Teammitglieder haben auch viel zu tun und mögen es möglicherweise nicht, wenn sie von ihrer Führungskraft neue Aufgaben übertragen bekommen. Die Führungskraft will sich nicht unbeliebt machen.

▶ **Tipp** Reflektieren Sie einmal für sich persönlich, welche Gründe Sie bislang an der Delegation von Aufgaben gehindert haben. Wägen Sie

A. Häfner und S. Hofmann, *Zeitmanagement für Führungskräfte*, essentials, https://doi.org/10.1007/978-3-662-65124-7_5

ab, wie Sie die Gründe aus heutiger Sicht bewerten: Wie substanzi-
ell erscheinen Ihnen die Gründe? Was waren für Sie persönlich die
Konsequenzen?

Unabhängig von den gut nachvollziehbaren Gründen ist eines klar: Führung geht
nicht ohne Delegation. Stellen Sie sich einmal vor, Sie führen ein Team mit zehn
Teammitgliedern und behalten von jedem Teammitglied eine Aufgabe bei sich,
die Sie eigentlich delegieren sollten. Diese Aufgaben nehmen im Schnitt jeweils
zwei Stunden pro Woche in Anspruch. Bezogen auf ein einzelnes Teammitglied
mag das vertretbar erscheinen, in der Summe jedoch wären Sie die halbe Woche
mit diesen Aufgaben beschäftigt. Führen Sie sich immer wieder vor Augen: keine
Führung ohne Delegation!

Fragen zur Delegation von Aufgaben an Teammitglieder

- Wer ist mit Blick auf seine Kompetenzen und Interessen für die Aufgabe
  besonders gut geeignet?
- Wer bringt schon hilfreiche Erfahrungen mit?
- Für wen könnte diese Aufgabe ein Entwicklungsschritt sein, um beispiels-
  weise neue Kompetenzen aufzubauen?
- Wer hat noch Kapazitäten?
- Wer wünscht sich mehr Abwechslung im Aufgabenpaket?

Delegation erfüllt also nicht nur den Zweck, dass Sie sich als Führungskraft
nicht selbst überlasten, sondern kann, richtig eingesetzt, vielfältigen Nutzen
für alle Beteiligten stiften. Bekommt beispielsweise eine Kollegin in Ihrem
Team eine attraktive Aufgabe, die sie als spannend erlebt und mit der sie
sich weiterentwickeln kann, dann leisten Sie damit auch einen Beitrag zur
Kompetenzentwicklung, Arbeitszufriedenheit und Mitarbeiterbindung.

▹ **Tipp** Trauen Sie Ihren Kolleginnen und Kollegen im Team etwas zu.
Sie können damit einen positiven Vertrauenskreislauf in Gang bringen. Ihre Mitarbeitenden werden es in der Regel als wertschätzend
wahrnehmen, wenn Sie Ihnen eine wichtige Aufgabe übertragen und
dabei signalisieren, dass Sie davon überzeugt sind, dass Ihre Mitarbeitenden die Aufgabe gut erledigen werden. Das steigert das Selbstvertrauen und kann positive Effekte auf die Leistung haben. Lassen
Sie sich jeden Tag neu davon überraschen, was Ihre Kolleginnen und
Kollegen alles können.

Versuchen Sie Aufgaben möglichst ganzheitlich abzugeben. Begrenzen Sie Besprechungen zu übertragenen Aufgaben und korrigierendes Feedback auf das unbedingt notwendige Maß. Sie haben nichts gewonnen, wenn Sie sich jeden Teilschritt von Mitarbeitenden nacherzählen lassen und korrigierendes Feedback geben, das in erster Linie aus Ihrem persönlichen Geschmack resultiert, für das eigentliche Ziel aber irrelevant ist. Lassen Sie sich in sinnvollen Zeitintervallen über Fortschritte informieren, seien Sie greifbar für Fragen und bieten Sie Ihre Unterstützung an. Halten Sie sich ansonsten möglichst zurück.

Neben der Übertragung einzelner Aufgaben ist es sinnvoll, Funktionen im Team dauerhaft bei einzelnen Kolleginnen und Kollegen zu platzieren. Das gibt den Teammitgliedern Entwicklungsperspektiven und entlastet Sie als Führungskraft (siehe Tab. 2.2). Je mehr es Ihnen gelingt, ein *Team der Talente* zu entwickeln, in dem Ihre Mitarbeitenden sich mit Ihren ganz persönlichen Talenten und Interessen einbringen und weiterentwickeln, umso mehr werden Sie Entlastung als Führungskraft erfahren. Suchen Sie bei der Auswahl neuer Teammitglieder nach Menschen, die Ihr Team mit Ihren Kompetenzen und Interessen weiterbringen, die etwas im Rucksack haben, was Ihnen im Team noch fehlt. Sie müssen als Führungskraft nicht alles können. Sie müssen ein Team entwickeln, das alles kann.

Was Sie aus diesem *essential* mitnehmen können

- Wer andere führen möchte, sollte zunächst bei sich selbst anfangen. Gutes Zeitmanagement ist die Bodenplatte für gelingende Selbstführung.
- Die Zeitmanagementforschung bietet wertvolle Erkenntnisse, weshalb Zeitmanagementprobleme im Arbeitsalltag häufig vorkommen und was dagegen getan werden kann. So lässt sich mithilfe des entscheidungstheoretischen Zeitmanagementmodells beispielsweise erklären, warum langfristig wichtige Aufgaben oft aufgeschoben werden. Dies liegt an der starken Diskontierung des Nutzens von langfristigen Aufgaben.
- Aus dem Handlungsplanungsmodell des Zeitmanagements können verschiedene Anregungen für den Alltag abgeleitet werden. Im Fokus steht dabei die effektive und effiziente Gestaltung des einzelnen Arbeitstages als wichtigste Planungseinheit. Ablenkungen zu identifizieren und zu vermeiden gehört genauso dazu wie die feste Verankerung wichtiger Aufgaben im Tagesablauf.
- Für Führungskräfte ist das Setzen von Prioritäten besonders wichtig. Hierfür ist ein klares Verständnis der eigenen Führungsrolle elementar. Zur Führungsfunktion gehören beispielsweise Aufgaben aus den Bereichen *Trainieren und Entwickeln, Motivieren* sowie *Koordinieren und Delegieren*. Das Setzen von Prioritäten schließt das Aufgeben von Zielen explizit mit ein.
- Da Meetings und die Bearbeitung von E-Mails den Arbeitsalltag vieler Führungskräfte prägen, ist Effektivität und Effizienz im Umgang damit besonders relevant. Wer beispielsweise bestimmte Meetings gänzlich streicht oder kürzt und sich um eine gute Vorbereitung, Durchführung und Nachbereitung kümmert, kann für das eigene Zeitmanagement immens profitieren.

- Auch gegen das Aufschieben von langfristig wichtigen Aufgaben kann einiges getan werden. Hilfreich können beispielsweise Teilziele sein, die Antizipation von Hindernissen und die Entwicklung von Gegenmaßnahmen sowie die geschickte Planung des Einstiegs in eine solche Aufgabe.
- Führung ohne Delegation ist nicht möglich. Klug gemacht, bietet die Übertragung von passenden Aufgaben an Teammitglieder für beide Seiten Vorteile, zum Beispiel Entlastung für die Führungskraft und Aufbau neuer Kompetenzen bei den Mitarbeitenden.

Literatur

Aeon, B., Faber, A., & Panaccio, A. (2021). Does time management work? A meta-analysis. *PLoS ONE*. https://doi.org/10.1371/journal.pone.0245066.

Buehler, R., Griffin, D., & Ross, M. (1994). Exploring the „planning fallacy": Why people underestimate their task completion times. *Journal of Personality and Social Psychology*. https://doi.org/10.1037/0022-3514.67.3.336.

Elsayed-Elkhouly, S. M., Lazarus, H., & Forsythe, V. (1997). Why is a third of your time wasted in meetings? *Journal of Management Development*. https://doi.org/10.1108/026 21719710190185.

Felfe, J. (2009). *Mitarbeiterführung*. Hogrefe.

Gollwitzer, P. M. (1999). Implementation intentions: Strong effects of simple plans. *American Psychologist*. https://doi.org/10.1037/0003-066X.54.7.493.

Häfner, A. (2012). *Zeitmanagement und seine Wirkung auf Leistung und Befinden*. Dissertation, Universität Würzburg. https://opus.bibliothek.uni-wuerzburg.de/volltexte/2012/7078.

Häfner, A. (2021). Prokrastination: Woher das Aufschieben von Aufgaben kommt und was wir dagegen tun können. *Report Psychologie, 46*(11+12), 7–9.

Häfner, A., & Stock, A. (2010). Time management training and perceived control of time at work. *Journal of Psychology*. https://doi.org/10.1080/00223980.2010.496647.

Häfner, A., Stock, A., Pinneker, L., & Ströhle, S. (2014a). Stress prevention through a time management training intervention: An experimental study. *Educational Psychology*. https://doi.org/10.1080/01443410.2013.785065.

Häfner, A., Oberst, V., & Stock, A. (2014b). Avoiding procrastination through time management: An experimental intervention study. *Educational Studies*. https://doi.org/10.1080/03055698.2014.899487.

Häfner, A., Stock, A., & Oberst, V. (2015a). Decreasing students' stress through time management training: An intervention study. *European Journal of Psychology of Education*. https://doi.org/10.1007/s10212-014-0229-2.

Häfner, A., Hartmann, J., & Pinneker, L. (2015b). *Zeitmanagement: Ein Trainingshandbuch für Trainer, Personalentwickler und Führungskräfte*. Hogrefe.

Howell, A. J., Watson, D. C., Powell, R. A., & Buro, K. (2006). Academic procrastination: The pattern and correlates of behavioural postponement. *Personality and Individual Differences*. https://doi.org/10.1016/j.paid.2005.11.023.

© Der/die Herausgeber bzw. der/die Autor(en), exklusiv lizenziert durch Springer-Verlag GmbH, DE, ein Teil von Springer Nature 2022
A. Häfner und S. Hofmann, *Zeitmanagement für Führungskräfte*, essentials, https://doi.org/10.1007/978-3-662-65124-7

Kahneman, D., & Tversky, A. (1979). Intuitive prediction: Biases and corrective procedures. *TIMS Studies in the Management Sciences, 12,* 313–327.

Kleinmann, M., & König, C. J. (2018). *Selbst- und Zeitmanagement.* Hogrefe.

Koch, C. J., & Kleinmann, M. (2002). A stich in time saves nine: Behavioural decision-making explanations for time management problems. *European Journal of Work and Organizational Psychology.* https://doi.org/10.1080/13594320244000120.

König, C. J., & Kleinmann, M. (2005). Deadline rush: A time management phenomenon and its mathematical description. *Journal of Psychology.* https://doi.org/10.3200/JRLP.139.1. 33-45.

König, C. J., & Kleinmann, M. (2007). Time management problems and discounted utility. *Journal of Psychology.* https://doi.org/10.3200/JRLP.141.3.321-336.

Macan, T. H. (1996). Time-management training: Effects on time behaviors, attitudes, and job performance. *Journal of Psychology.* https://doi.org/10.1080/00223980.1996.991 5004.

Odermatt, I., Kleinmann, M., König, C. J., & Giger, K. P. (2013). Erfolgreiche Meetingvorbereitung – Worauf kommt es an? *Report Psychologie, 38*(1), 8–16.

Odermatt, I., König, C. J., & Kleinmann, M. (2016). Development and validation of the Zurich Meeting Questionnaire (ZMQ). *European Review of Applied Psychology.* https://doi.org/10.1016/j.erap.2016.06.003.

Steel, P. (2007). The nature of procrastination: A meta-analytic and theoretical review of quintessential self-regulatory failure. *Psychological Bulletin.* https://doi.org/10.1037/0033-2909.133.1.65.

Taylor, S. E., Pham, L. B., Rivkin, I. D., & Armor, D. A. (1998). Harnessing the imagination: Mental simulation, self-regulation, and coping. *American Psychologist.* https://doi.org/10.1037/0003-066X.53.4.429.

van Eerde, W. (2003). Procrastination at work and time management training. *Journal of Psychology.* https://doi.org/10.1080/00223980309600625.

von Rosenstiel, L., & Kaschube, J. (2014). Führung. In H. Schuler & U. P. Kanning (Hrsg.), *Lehrbuch der Personalpsychologie* (3. Aufl., S. 677–724). Hogrefe.

Wegge, J., & von Rosenstiel, L. (2004). Führung. In H. Schuler (Hrsg.), *Lehrbuch Organisationspsychologie* (3. Aufl., S. 475–512). Huber.

Zum Weiterlesen

Häfner, A., & Hofmann, S. (2021). *Die ersten 100 Tage als Führungskraft erfolgreich bewältigen: Was neue Führungskräfte beachten sollten.* Springer.

Häfner, A., Hartmann, J., & Pinneker, L. (2015). *Zeitmanagement: Ein Trainingshandbuch für Trainer, Personalentwickler und Führungskräfte.* Hogrefe.

Häfner, A., Pinneker, L., & Hartmann-Pinneker, J. (2019). *Gesunde Führung: Gesundheit, Motivation und Leistung fördern.* Springer.

Kleinmann, M., & König, C. J. (2018). *Selbst- und Zeitmanagement.* Hogrefe.

Alexander Häfner
Lydia Pinneker
Julia Hartmann-Pinneker

Gesunde Führung

Gesundheit, Motivation
und Leistung fördern

Printed in the United States
by Baker & Taylor Publisher Services